오토케라스로 만드는 AutoML

오토케라스로 만드는
AutoML

몇 줄의 코딩으로 이용할 수 있는 딥러닝

이진형 옮김   루이스 소브레쿠에바 지음

에이콘

에이콘출판의 기틀을 마련하신 故 정완재 선생님 (1935-2004)

| 옮긴이 소개 |

이진형(samjin0@gmail.com)

데이터에 숨어 있는 인사이트를 찾는 일을 좋아한다. 11번가에서 데이터 엔지니어와 데이터 과학자의 역할 사이에서, 판매자와 구매자 대상 개인화 추천 서비스를 제공하기 위해 데이터 파이프라인과 데이터 모델을 개발했다. 현재는 카드 혜택을 통합 관리하는 핀테크 스타트업 빅쏠에서 데이터 과학자로 일하고 있다.

| 옮긴이의 말 |

머신러닝을 공부하는 사람들이 처음 책을 폈을 때 머신러닝이란 무엇인가, 또는 지도학습과 비지도학습은 무엇인가에 대해 배웠을 것입니다. 딥러닝 책으로 공부를 시작한 분들은 신경망, 미분, 역전파의 개념을 배웠을 것입니다. 개념도 물론 중요하지만 우리가 이러한 공부를 하는 이유는 실무에서 사용하기 위함입니다. 그런데 이런 이론적인 내용만 공부하다 보면 정작 AI를 비즈니스에 적용할 수 있는지 검토하는 데까진 더 오랜 시간이 걸립니다. 그래서 구글, 아마존, 마이크로소프트와 같은 클라우드 플랫폼 회사에서는 머신러닝을 비즈니스에서 빠르게 테스트하고 적용할 수 있도록 Vertex AI, Amazon SageMaker Autopilot, Azure Machine Learning Studio와 같은 AutoML 서비스를 제공하고 있습니다. 클라우드 플랫폼을 활용할 수 있다면 위에서 언급한 서비스를 이용하는 것이 좋습니다. 하지만 온프레미스 환경에서 작업을 해야 한다면 오토케라스가 좋은 대안이 될 수 있습니다.

이 책은 머신러닝 이론에 대해서는 간략하게 소개합니다. 그리고 비즈니스에서 겪는 문제를 분류, 회귀, 감정 분석, 주제 분류 등으로 나눠서 예측 모델을 만드는 방법을 설명합니다. 그리고 머신러닝 학습 과정을 관리하기 위해 머신러닝 파이프라인을 자동화하거나 머신러닝 모델링 과정을 모니터링하고 모델을 배포하는 방법을 다룹니다.

머신러닝과 딥러닝을 많이 경험해보지 못한 비즈니스 전문가, 학생, 개발자, 데이터 분석가분들도 데이터를 이용해 문제를 풀어야 하는 상황이라면 이 책에서 설명하는 오토케라스를 이용해 비즈니스 문제의 답을 빨리 찾을 수 있길 바랍니다.

마지막으로, 번역을 하는 동안 힘이 되어준 현명하고 든든한 아내 미나와 웃는 모습만 봐도 힘이 되어주는 사랑하는 재하와 하진이에게 감사의 마음을 전합니다.

| 지은이 소개 |

루이스 소브레쿠에바 Luis Sobrecueva

현재 카비파이Cabify에서 근무하는 선임 소프트웨어 엔지니어이자 ML/DL 실무자다.
OpenAI 프로젝트에 기여했으며 오토케라스 프로젝트에도 기여했다.

| 감수자 소개 |

사티아 케사브^{Satya Kesav}

컴퓨터공학 전공 졸업생으로, 머신러닝 애호가이자 대규모 머신러닝 제품을 구축하는 데 관심이 있는 소프트웨어 엔지니어다. 머신러닝 분야에서 2년 이상의 경험을 쌓았으며 구글 검색 및 유튜브, NLP 기반 스타트업과 구글 검색 및 유튜브를 포함한 흥미로운 제품에 관련된 일을 했다. 현재 구글 브레인^{Google Brain}과 협력한 오토케라스 딥러닝 라이브러리의 초기 기여자다. 컴퓨터과학의 다양한 분야에서 일하면서 4편의 논문과 2편의 특허를 발표했다.

안톤 흐로마드스키^{Anton Hromadskyi}

여러 프로젝트에 대한 데이터 스키마를 설계하고 마이그레이션/ETL을 구성했으며 데이터 준비 및 피처 엔지니어링과 관련된 많은 알고리듬을 작성했고 BI를 개발했으며 마케팅 플랫폼을 위한 예측 모델, 거래 봇 및 데이터 프로세서를 구현했다. 또한 의사결정 트리, 회귀, 신경망, 이상 감지, PCA, ICA를 적용했으며 챗봇을 위한 상태–동작 모델과 함께 AI 솔루션을 위한 스택 모델의 앙상블을 개발했다. 안톤 흐로마드스키는 프로젝트 종료 전에 2주 동안 문서화되어 있지 않은 레거시 AI 프로젝트에 투입되는 것을 수락했고 성공적으로 끝마쳤다. 인내심을 가져준 아파르나^{Aparna}에게 특별한 감사를 전한다.

| 차례 |

1부 — AutoML 기초

1장   자동화된 머신러닝 소개   025

3부 ― 고급 오토케라스

| 들어가며 |

모든 사람이 딥러닝을 사용할 수 있을까? 의심할 여지 없이 이 질문은 구글이나 아마존 같은 거대 기업이 제공하는 클라우드 서비스가 달성하고자 하는 목표다. 구글 AutoML 및 아마존 ML 서비스는 모든 기술 수준의 개발자가 머신러닝 기술을 쉽게 사용할 수 있도록 하는 클라우드 기반 서비스다. 클라우드 기반 서비스의 대안으로 사용할 수 있는 오토케라스는 무료 오픈소스이며, 환상적인 프레임워크다.

딥러닝 문제에 직면해서 모델을 생성할 때 아키텍처 선택이나 특정 매개변수 구성은 일반적으로 다년간의 연구와 경험을 기반으로 하는 데이터 과학자의 직관에서 나온다.

내 경우에는 데이터 과학에 대한 폭넓은 배경지식이 없는 소프트웨어 엔지니어이기 때문에 모델을 구성하는 다양한 변수를 탐색하기 위해 다양한 검색 알고리듬(그리드, 진화 또는 베이지안)을 사용해 아키텍처 선택이나 특정 매개변수 구성 부분을 자동화하는 방법을 항상 찾았다.

나는 다른 많은 파이썬 개발자와 마찬가지로 사이킷런^{scikit-learn}으로 머신러닝 세계에 입문했고 텐서플로 및 케라스로 딥러닝 프로젝트에 뛰어들었다. 하이퍼라스^{Hyperas}나 TPOT^{Tree-based Pipeline Optimization Tool} 같은 다양한 프레임워크를 테스트해 모델 생성을 자동화하고 심지어 케라스 모델의 아키텍처를 탐색하는 프레임워크를 개발하기도 했지만 오토케라스가 출시되자 필요한 모든 것을 찾을 수 있었다. 그 이후로 오토케라스를 사용해 프로젝트에 기여했다.

오토케라스는 나날이 성장하고 있으며 널리 알려진 딥러닝 프레임워크인 케라스의 지원을 받는 대규모 커뮤니티를 보유하고 있다. 그러나 문서와 블로그를 제외하고는 현재까지 오토케라스 책이 거의 없다. 이 책은 그 공백을 메우기 위해 노력하고 있다.

이 책과 오토케라스 프레임워크는 클라우드 서비스의 대안을 찾는 초보자(단순히 입력 및 출력을 정의해 블랙박스로 사용)부터 자동화를 원하는 노련한 데이터 과학자에 이르기까지 광범위한 ML 전문가를 대상으로 한다. 검색 공간 매개변수를 자세히 정의하고 생성된 모델을 케라스로 내보내 수동 파인튜닝을 통해 탐색한다. 오토케라스를 처음 사용한다면 이런 용어와 개념이 이상하게 들릴 수 있지만 걱정하지 말자. 책에서 자세히 설명할 것이다.

∷ 이 책의 대상 독자

자동화된 ML 기술을 프로젝트에 적용하려는 머신러닝 및 딥러닝 애호가를 위한 책이다. 이 책을 최대한 활용하려면 파이썬 프로그래밍에 대한 기본적인 사전지식이 필요하다.

∷ 이 책의 구성

1장 '자동화된 머신러닝 소개'에서는 AutoML 사용 방법의 유형 및 해당 소프트웨어 시스템에 대한 개요와 함께 자동화된 머신러닝의 주요 개념을 다룬다.

2장 '오토케라스 시작하기'에서는 오토케라스를 시작하는 데 필요한 모든 것을 다루고, 잘 설명된 기본 코드 예제를 통해 오토케라스를 실행한다.

3장 '오토케라스로 머신러닝 파이프라인 자동화하기'에서는 표준 머신러닝 파이프라인을 설명하고, 오토케라스로 파이프라인을 자동화하는 방법을 다룬 후, 모델을 학습시키기 전에 적용할 주요 데이터 준비의 모범 사례를 소개한다.

4장 '오토케라스를 사용한 이미지 분류 및 회귀'에서는 더 복잡하고 강력한 이미지 인식 모델을 만들고 오토케라스의 동작 방식을 조사하며 성능을 개선하기 위한 파인튜닝 방법을 살펴봄으로써 이미지 관련 문제에 오토케라스를 사용하는 것에 중점을 둔다.

5장 '오토케라스를 사용한 텍스트 분류 및 회귀'에서는 오토케라스를 이용한 텍스트(단어 시퀀스) 작업에 중점을 둔다. 또한 순환 신경망이 무엇이며 어떻게 작동하는지 설명한다.

6장 '오토케라스를 사용한 구조화된 데이터 작업'에서는 구조화된 데이터셋을 탐색하고, 변환하고, 분류 및 회귀 모델의 데이터 소스로 사용할 수 있다. 또한 구조화된 데이터를 기반으로 문제를 해결하기 위해 고유한 분류 및 회귀 모델을 생성한다.

7장 '오토케라스를 사용한 감정 분석'에서는 텍스트 분류 모델을 사용해 텍스트 데이터에서 감정을 추출하고, 감정 예측 모델을 구현해 텍스트 분류 개념을 실용적인 방식으로 적용한다.

8장 '오토케라스를 사용한 주제 분류'에서는 이전 장에서 배운 텍스트 기반 작업의 실용적인 측면에 중점을 둔다. 오토케라스로 주제 분류 모델을 생성한 다음, 주제 또는 범주 기반 데이터셋에 적용하는 방법을 알려준다.

9장 '다중 모드 및 다중 작업 데이터'에서는 오토모델 API로 다중 모드 및 다중 작업 데이터를 처리하는 방법을 설명한다.

10장 '모델 내보내기 및 시각화'에서는 오토케라스 모델을 내보내고 가져오는 방법과 모델을 학습시키는 동안 일어나는 일을 실시간으로 그래픽을 사용해 시각화하는 방법을 알려준다.

⋮⋮⋮ 이 책을 최대한 활용하기

책에서 사용하는 소프트웨어/하드웨어	OS 요구사항
웹 브라우저	윈도우, 맥OS, 리눅스

이 책의 디지털 버전을 사용하는 경우 코드를 직접 입력하거나 깃허브 리포지토리를 통해 코드를 사용하는 것이 좋다(링크는 다음 절에 있음).[1] 이렇게 하면 코드 복사 및 붙여

---

1   이 책에는 설명이 필요한 부분의 일부 코드만 나와 있기 때문에, 이 책에 나온 코드만 실행하면 정상적인 결과가 나오지 않을 수 있다. 실행 결과를 확인하기 위해서는 깃허브 리포지토리에 있는 코드를 내려받은 후 사용해야 한다. – 옮긴이

넣기와 관련된 잠재적 오류를 방지할 수 있다.

⁛ 편집 규약

이 책에서는 정보의 유형에 따라서 텍스트의 스타일이 바뀐다. 각 스타일은 다음과 같은 의미를 지닌다.

문장 속에서 코드는 다음과 같이 표기한다.

"이제 오토케라스 ImageClassifier 클래스를 사용해 최상의 분류 모델을 찾는다."

코드 블록은 다음과 같이 표기한다.

```
import autokeras as ak
import matplotlib.pyplot as plt
import numpy as np
import tensorflow as tf
from tensorflow.keras.datasets import mnist
```

코드의 특정 부분을 강조할 때는 굵은 글씨체로 표현한다.

```
[default]
exten => s,1,Dial(Zap/1|30)
exten => s,2,Voicemail(u100)
exten => s,102,Voicemail(b100)
exten => i,1,Voicemail(s0)
```

모든 명령줄 입력 또는 출력 결과는 다음과 같이 표기한다.

```
$ mkdir css
$ cd css
```

새로운 용어와 중요한 단어, 그리고 메뉴나 대화상자처럼 컴퓨터 화면에 표시되는 단어는 다음과 같이 고딕체로 표기한다.

"두 번째 단계인 데이터 전처리는 파이프라인에서 가장 시간이 많이 걸리는 작업 중 하나이고 **데이터 정제, 피처 추출, 피처 선택, 피처 엔지니어링, 데이터 분리**와 같은 많은 하위 작업을 포함한다."

참고사항

> **노트북**(notebook)은 라이브 코드, 시각화 및 서식 있는 텍스트를 통합하는 문서를 만들고 공유하기 위한 오픈소스 프레임워크인 주피터 노트북(Jupyter Notebook, https://jupyter.org)에서 생성한 파일이다. 편집과 실행은 모두 웹 브라우저에서 이뤄지며 코드 스니펫(셀이라고 함)에서 프로그래밍 중인 내용을 명확하고 시각적으로 보여주는 서식 있는 텍스트를 추가한다. 이러한 각 코드 셀은 독립적으로 실행할 수 있으므로 개발이 대화식으로 이뤄지며, 오류가 있는 경우 모든 코드를 실행할 필요가 없다.

∷ 독자 의견

독자 여러분의 의견은 언제든지 환영한다. 이 책을 어떻게 생각하는지 부담 없이 이야기해준다면 좋겠다. 더 유익한 책을 만드는 데 있어 독자의 의견은 무엇보다 중요하다.

일반적인 의견은 이 책의 제목을 메일 제목으로 해서 customercare@packtpub.com으로 보내면 된다.

특정 분야의 책을 쓰거나 기여하는 데 관심이 있다면 authors.packtpub.com을 참고하기 바란다.

∷ 고객 지원

팩트출판사의 구매자가 된 독자에게 도움이 되는 몇 가지를 제공하고자 한다.

예제 코드 다운로드

이 책의 예제 코드는 깃허브(https://github.com/PacktPublishing/Automated-Machine-Learning-with-AutoKeras)에서 내려받을 수 있다. 코드에 대한 업데이트가 있는 경우 깃허브 리포지토리에 업데이트한다.

또한 에이콘출판사의 도서정보 페이지 http://www.acornpub.co.kr/book/auto-ml-keras에서도 예제 코드를 내려받을 수 있다.

컬러 이미지 다운로드

이 책에서 사용한 스크린샷이나 다이어그램의 컬러 이미지를 포함한 PDF 파일도 제공한다. https://static.packt-cdn.com/downloads/9781800567641_ColorImages.pdf에서 내려받을 수 있다.

오탈자

내용을 정확하게 전달하려고 최선을 다했지만, 실수가 있을 수 있다. 팩트출판사의 책에서 텍스트나 코드상의 문제를 발견해서 알려준다면, 매우 감사하게 생각할 것이다. 그러한 참여를 통해 다른 독자에게 도움을 주고, 다음 버전에서 책을 더 완성도 있게 만들 수 있다. 오자를 발견한다면 www.packtpub.com/support/errata에서 **Errata Submission Form** 링크를 통해 구체적인 내용을 알려주기 바란다. 보내준 내용이 확인되면 웹사이트에 그 내용이 올라가거나, 해당 서적의 정오표 섹션에 그 내용이 추가될 것이다.

한국어판의 정오표는 에이콘출판사의 도서정보 페이지 http://www.acornpub.co.kr/book/auto-ml-keras에서 찾아볼 수 있다.

저작권 침해

인터넷에서의 저작권 침해는 모든 매체에서 벌어지고 있는 심각한 문제다. 팩트출판사에서는 저작권과 사용권 문제를 아주 심각하게 인식하고 있다. 어떤 형태로든 팩트출판사 서적의 불법 복제물을 인터넷에서 발견한다면 적절한 조치를 취할 수 있게 해당 주소나 사이트명을 알려주길 부탁한다.

의심되는 불법 복제물의 링크를 copyright@packtpub.com으로 보내주기 바란다.

저자와 더 좋은 책을 위한 팩트출판사의 노력을 배려하는 마음에 깊은 감사의 마음을 전한다.

질문

한국어판에 관한 질문은 이 책의 옮긴이나 에이콘출판사 편집 팀(editor@acornpub.co.kr)으로 문의할 수 있다.

⁙ 리뷰

리뷰를 남겨주길 부탁한다. 이 책을 읽고 활용한 후에는 구매한 사이트에 리뷰를 남겨보는 것은 어떤가? 그러면 잠재적인 독자가 여러분의 편견 없는 의견을 본 후 구매 결정을 내릴 수 있고, 출판사는 독자가 당사 도서를 어떻게 생각하는지 이해할 수 있으며, 저자는 책에 대한 독자의 의견을 볼 수 있다.

1부

AutoML 기초

1부는 자동화된 머신러닝에 대한 개괄적인 소개로, 머신러닝 접근 방식을 시작하는 데 필요한 모든 개념을 설명한다.

1부의 구성은 다음과 같다.

- **1장** 자동화된 머신러닝 소개

- **2장** 오토케라스 시작하기

- **3장** 오토케라스로 머신러닝 파이프라인 자동화하기

01

자동화된 머신러닝 소개

1장에서는 AutoML 메서드의 유형 및 AutoML 소프트웨어 시스템의 개요와 함께 **자동화된 머신러닝**AutoML, Automated Machine Learning과 관련된 주요 개념을 다룬다.

AutoML을 사용하는 개발자라면, 이 실용적인 가이드를 통해 지식을 쌓아서 진행 중인 프로젝트에서 최신 AI 알고리듬을 개발하고 사용할 수 있다. 1장을 끝까지 학습하면 **머신러닝**ML, Machine Learning 워크플로의 구조, AutoML의 정의 및 다양한 유형을 명확하게 이해할 것이다.

필수적인 개념에 대한 명확한 설명과 실용적 예제를 통해, 표준 ML과 AutoML 접근 방식의 차이점 및 각각의 장단점을 확인해볼 것이다.

1장에서 다루는 내용은 다음과 같다.

- 표준 ML 워크플로의 구조
- AutoML의 정의
- AutoML의 유형

⁝⁝ 표준 ML 워크플로의 구조

전통적인 ML 애플리케이션에서 전문가들은 입력 데이터셋을 사용해 모델을 학습시켜야 한다. 만약 학습 데이터가 적절한 형식이 아니라면 전문가가 피처 추출, 피처 엔지니어링, 피처 선택과 같은 데이터 전처리 기술을 일부 적용해야 한다.

일단 데이터를 준비하고 모델을 학습시킬 수 있다면, 다음 단계는 올바른 알고리듬을 선택하고 모델의 예측 정확도를 극대화하기 위해 하이퍼파라미터를 최적화하는 것이다. 각 단계는 시간이 많이 걸린다는 문제가 있으며 일반적으로 성공하기 위해서는 경험과 지식을 갖춘 데이터 과학자가 필요하다. 그림 1.1에서 일반적인 ML 파이프라인의 주요 단계를 볼 수 있다.

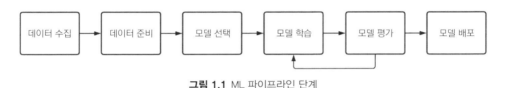

그림 1.1 ML 파이프라인 단계

각 파이프라인 프로세스는 순차적인 단계를 보여준다. 다음 절에서 각 프로세스와 관련된 개념을 자세히 설명한다.

데이터 수집

들어오는 데이터를 데이터 저장소로 보내는 것이 ML 워크플로의 첫 번째 단계다. 원시데이터를 아무런 변환 없이 저장하고, 원본 데이터셋을 변경 불가능한 레코드로 만드는 것이 목표다. 데이터는 데이터베이스, 메시지 버스, 스트림 같은 다양한 데이터 소스로부터 획득할 수 있다. 각 작업을 자세히 살펴보자.

데이터 전처리

두 번째 단계인 데이터 전처리는 파이프라인에서 가장 시간이 많이 걸리는 작업 중 하나이고 **데이터 정제, 피처 추출, 피처 선택, 피처 엔지니어링, 데이터 분리**와 같은 많은 하위 작업을 포함한다.

- **데이터 정제**data cleaning 프로세스는 데이터셋에서 손상되거나 잘못된 레코드를 감지하고 수정(또는 삭제)하는 역할을 한다. 데이터가 처리되지 않고 구조화되지 않았기 때문에 처리할 수 있는 올바른 형식의 데이터가 거의 없다. 데이터 정제는 누락된 필드 채우기, 중복 행 제거 또는 데이터의 다른 오류를 정규화하고 수정하는 것을 의미한다.

- **피처 추출**feature extraction은 다른 피처의 조합에서 새로운 피처를 생성하고 원래 피처를 제거해 대규모 데이터셋에 필요한 리소스 수를 줄이는 방법이다. 대규모 데이터셋을 분석할 때 가장 큰 문제는 고려해야 할 변수 수다. 많은 수의 변수를 처리하려면 일반적으로 메모리 및 컴퓨팅 성능 같은 많은 하드웨어 리소스가 필요하며, 과적합을 유발할 수도 있다. 즉, 알고리듬이 학습용 샘플 데이터에서는 매우 적합하게 작동하지만 새 샘플 데이터에서는 일반화가 잘되지 않는다. 피처 추출은 새로운 변수의 구성을 기반으로 하며, 기존 변수를 결합하여 데이터의 정확성을 잃지 않고 과적합 문제를 해결한다.

- **피처 선택**feature selection은 모델 생성 시 사용할 변수의 하위 집합을 선택하는 프로세스다. 피처 선택을 하면 모델이 단순해지고(사람이 더 쉽게 해석할 수 있게 됨) 학습 시간을 단축하고 과적합을 줄여 일반화 성능이 향상된다. 피처 선택을 적용하는 주된 이유는 데이터에 중복되거나 관련이 없을 수 있는 일부 피처가 포함돼 있기 때문에 제거해도 정보가 많이 손실되지 않기 때문이다.

- **피처 엔지니어링**feature engineering은 데이터 마이닝data mining 기술을 통해 도메인 지식을 사용해 원시 데이터에서 피처를 추출하는 프로세스다. 이는 일반적으로 지식이 풍부한 전문가가 필요하며, ML 알고리듬의 성능을 개선하는 데 사용한다.

- **데이터 분리**data segregation는 데이터셋을 2개의 하위 집합, 즉 모델 학습을 위한 **학습 데이터셋**train dataset과 예측 모델링 테스트를 위한 **테스트 데이터셋**test dataset으로 나누는 것이다.

모델링은 세 부분으로 나뉜다.

1. 평가할 후보 모델을 선택한다.

2. 선택한 모델을 학습시킨다(모델 개선).

3. 모델을 평가한다(다른 모델과 비교).

모델링 프로세스는 반복적이며 효율적인 방식으로 문제를 해결할 수 있는 모델을 얻을 때까지 다양한 모델을 테스트한다. 그림 1.2는 ML 파이프라인의 모델링 단계에 대한 자세한 스키마를 보여준다.

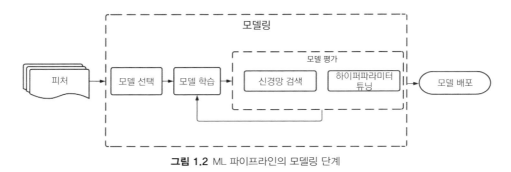

그림 1.2 ML 파이프라인의 모델링 단계

모델링 단계의 개요를 살펴본 후 각 모델링 단계를 더 자세히 살펴볼 것이다.

모델링의 세 부분을 자세히 알아보자.

모델 선택

사용할 후보 모델을 선택할 때는 성능 외에도 가독성(사람에 의한), 디버깅의 용이성, 사용 가능한 데이터의 양, 학습 및 예측을 위한 하드웨어 제약 등 몇 가지 요소를 고려하는 것이 중요하다.

모델 선택 시 고려해야 할 주요 사항은 다음과 같다.

- **해석 가능성 및 디버깅 용이성**: 모델이 특정 결정을 내린 이유를 알 수 있는 방법. 오류를 어떻게 수정하는가?

- **데이터셋 유형**: 데이터의 유형에 따라서 더 적합한 알고리듬이 있다.

- **데이터셋 크기**: 얼마나 많은 데이터를 사용할 수 있으며 향후에 이 데이터가 변경되는가?

- **리소스**: 학습 및 예측에 사용할 수 있는 시간과 리소스가 얼마나 있는가?

모델 학습

모델 학습 프로세스는 학습 데이터셋을 선택한 각 후보 모델에 제공하고, 모델들이 학습 샘플에서 발견한 패턴을 추출하는 역전파 알고리듬을 적용해 모델에서 학습할 수 있게 한다.

데이터 전처리 단계의 출력 데이터를 모델에 제공한다. 전처리한 데이터셋을 선택한 모델로 전송하고, 학습 후에는 모델 구성 정보와 학습된 파라미터를 모두 모델 평가에 사용한다.

모델 평가

모델 평가 단계에서는 테스트 데이터셋으로 예측 정확도를 측정해서 모델 성능을 평가한다. 모델 평가 프로세스에는 모델을 튜닝하고 개선해 다시 학습시킬 새로운 후보 모델 버전을 생성하는 과정이 포함된다.

모델 튜닝

모델 평가 단계에는 학습 속도, 최적화 알고리듬 또는 신경망의 계층 수 및 연산 유형과 같은 모델별 아키텍처 매개변수와 같은 하이퍼파라미터를 수정하는 모델 튜닝 작업이 포함된다. 표준 ML에서는 이러한 절차를 전문가가 수동으로 수행해야 한다.

그 밖의 경우에는 평가된 모델이 삭제되고 다른 새로운 모델이 학습용으로 선택된다. 전이 학습transfer learning을 통해 이전에 학습된 모델에서 시작해 학습 시간을 단축하고 최종 모델 예측의 정확도를 높이는 경우가 많다.

주요 병목 현상은 학습 시간에 발생하기 때문에, 모델 조정은 효율성과 재현성에 초점을 맞춰 학습이 최대한 빠르고 누군가가 성능 개선을 위해 수행한 단계를 재현할 수 있게 해야 한다.

모델 배포

최상의 모델을 선택하면 일반적으로 최종 사용자 또는 기타 내부 서비스가 사용할 API를 통해 프로덕션에 투입한다.

일반적으로 다음 두 가지 배포 모드 중 하나로 배포할 최적의 모델을 선택한다.

- **오프라인**(비동기): 오프라인의 경우 모델 예측은 주기적으로 배치 프로세스를 수행하고 키-값을 데이터 웨어하우스에 저장한다.
- **온라인**(동기): 온라인 모드에서는 예측 결과를 실시간으로 계산한다.

배포는 모델을 실제 애플리케이션에 노출하는 것이다. 애플리케이션은 스트리밍 플랫폼 사용자에게 동영상 추천부터 모바일 애플리케이션의 날씨 예측에 이르기까지 모든 것이 될 수 있다.

ML 모델을 상용 배포하는 것은 일반적으로 여러 기술(버전 관리, 컨테이너화, 캐싱, 핫 스와핑, A/B 테스트 등)을 포함해야 하는 복합한 프로세스이며, 이 책의 범위를 벗어난다.

모델 모니터링

일단 상용 환경에서는 모델이 실제 환경에서 어떻게 작동하는지 모니터링하고, 상황에 따라 모델을 보정해야 한다.

다음 절에서는 상용 배포한 모델을 모니터링하는 것이 정말 중요한 주요 이유를 설명할 것이다.

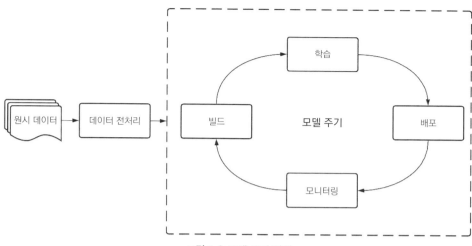

그림 1.3 모델 주기 단계

모델을 모니터링하는 이유

모델 예측은 시간이 지남에 따라 성능이 저하되는데, 이 현상을 드리프트[drift]라고 한다. 드리프트는 입력 데이터가 변경됨에 따른 결과이므로 시간이 지남에 따라 예측의 성능이 자연스럽게 나빠진다.

검색 엔진 사용자를 예로 들어보자. 예측 모델은 개인 정보, 검색 유형, 클릭한 결과와 같은 사용자 피처를 사용해 표시할 광고를 예측할 수 있다. 그러나 얼마 후 이러한 검색은 현재의 사용자 행동을 나타내지 않을 수 있다.

해결책은 가장 최근의 데이터로 모델을 재학습시키는 것이지만 이 방법은 항상 가능한 것은 아니며 때로는 비생산적일 수도 있다. 코로나19가 시작될 때 검색 데이터로 모델을 학습시킨다고 상상해보자. 코로나19가 시작될 때 검색 데이터로 만든 모델은 유행병과 관련된 제품에 대한 광고만 표시하므로 나머지 제품의 판매 수가 급격히 감소한다.

드리프트를 해결하기 위한 더 현명한 대안은 모델을 모니터링하는 것이며, 무슨 일이 일어나고 있는지 파악함으로써 모델을 재학습시키는 시기와 방법을 결정할 수 있다.

모델 모니터링 방법

예측 결과와 비교할 실젯값이 있는 경우(예측 직후 실제 레이블이 있는 경우) 정확도, F1 점수 같은 성능 측정값을 모니터링하기만 하면 된다. 그러나 종종 예측 결과와 기본적인 진실 사이에 시간적 지연이 있다. 예를 들어, 이메일의 스팸을 예측할 때 사용자는 이메일을 만든 후 최대 몇 달 동안 스팸이라고 보고해야 할 수 있다. 이 경우 통계적 접근 방식을 기반으로 하는 다른 측정 방법을 사용해야 한다.

그 밖의 복잡한 프로세스의 경우, 기존 ML 평가 측정 항목과 실제 관련 인스턴스 간의 직접적인 관계를 고려하기 어려울 때는 트래픽과 사례를 분할하고 순수한 비즈니스 측정 항목을 모니터링하는 편이 더 쉬울 수 있다.

모델에서 모니터링해야 하는 것

모든 ML 파이프라인은 성능 데이터 모니터링을 포함한다. 모니터링할 모델의 몇 가지 변수는 다음과 같다.

- **모델 선택**: 어떤 종류의 모델이 선택됐으며 아키텍처 유형, 최적화 알고리듬 및 하이퍼파라미터값은 무엇인가?

- **입력 데이터 분포**: 학습 데이터의 분포와 입력 데이터의 분포를 비교해 학습에 사용한 데이터가 현재 실제 상황을 나타내는지 여부를 감지할 수 있다.

- **배포 날짜**: 모델 출시 날짜

- **사용한 피처**: 모델에 입력 시 사용하는 변수다. 때로는 상용 환경의 모델에서 사용하지 않는 관련된 피처가 있다.

- **기댓값과 관찰값**: 기댓값과 관찰값을 비교하는 산점도^{scatter plot}는 가장 널리 사용되는 접근 방식이다.

- **게시 횟수**: 모델이 게시된 횟수로, 일반적으로 모델 버전 번호를 사용해 표시한다.

- **실행 시간**: 모델이 배포된 지 얼마나 됐는가?

파이프라인의 다양한 구성요소를 살펴봤으므로 이제 다음 절에서는 AutoML의 주요 개념을 소개한다.

⁘ AutoML의 정의

모델링 단계의 주요 작업은 평가할 다른 모델을 선택하고 각 모델의 하이퍼파라미터를 조정하는 것이다. 데이터 과학자가 일반적으로 수행하는 이 작업에는 숙련된 전문가와 많은 시간이 필요하다. 계산 관점에서 하이퍼파라미터 튜닝은 포괄적인 검색 프로세스 이므로 자동화할 수 있다.

AutoML은 AI 알고리듬을 사용해 데이터 전처리에서 ML 모델 배포에 이르기까지 앞서 설명한 ML 파이프라인의 모든 단계를 자동화하여 데이터 과학자가 아닌 소프트웨어 개발자가 현장에서 경험하지 않고도 ML 기술을 사용할 수 있도록 하는 프로세스다. 그림 1.4에서 AutoML 시스템의 입력 및 출력을 간단하게 표현할 수 있다.

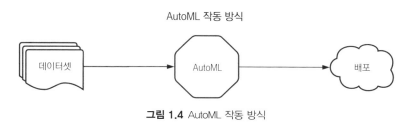

그림 1.4 AutoML 작동 방식

AutoML은 더 간단한 솔루션, 더 민첩한 개념 증명proof-of-concept 생성, 종종 수동으로 생성된 모델보다 성능이 뛰어난 무인 모델 학습unattended training을 제공해서 모델의 예측 성능을 획기적으로 향상하고 데이터 과학자가 '모델 모니터링' 절에 정의된 데이터 전처리 및 피처 엔지니어링과 같이 자동화하기 어려운 좀 더 복잡한 작업을 수행할 수 있도록 지원한다. AutoML 유형을 소개하기 전에 AutoML과 기존 ML의 주요 차이점을 간단히 살펴보자.

표준 접근 방식과의 차이점

표준 ML 접근 방식에서 데이터 과학자에게는 학습에 사용할 입력 데이터셋이 있다. 일반적으로 이 원시 데이터는 학습 알고리듬에 사용할 준비가 되지 않았으므로 전문가는 다른 모델의 예측 성능을 최대화하기 위한 알고리듬 선택 및 하이퍼파라미터 최적화를 통해 모델 튜닝뿐만 아니라 데이터 전처리, 피처 엔지니어링, 피처 추출 같은 방법을 사용할 수 있다.

이러한 모든 단계는 시간과 리소스를 많이 사용하므로 ML을 실행하는 데 주요 장애물이 된다.

AutoML을 사용하면 비전문가를 위해 이러한 단계를 단순화하여 ML을 적용해서 더 쉽고 빠르게 문제를 해결할 수 있다.

AutoML의 주요 개념을 설명했으므로 이제 실행에 옮길 수 있다. 먼저 AutoML의 주요 유형과 AutoML을 수행하는 데 널리 사용하는 도구 중 몇 가지를 살펴보자.

⁝⁝⁝ AutoML의 유형

1장에서는 이전에 나열한 각 AutoML 유형에 대해 현재 사용할 수 있는 프레임워크를 살펴보고 AutoML 측면에서 현재 가능한 작업에 대한 아이디어를 알아본다. 하지만 데이터 전처리에서 ML 모델 배포에 이르기까지 ML 파이프라인에 대해 간략히 논의하고 해당 파이프라인에서 각 프로세스가 어디에서 발생하는지 살펴본다.

그림 1.4의 워크플로 다이어그램에서 본 것처럼 ML 파이프라인에는 데이터 수집 단계 및 배포 단계와 같은 모델링 단계보다 더 많은 단계가 있다. 이 책에서는 더 많은 시간을 투자해야 하는 단계 중 하나인 모델링 자동화에 초점을 맞출 것이다. 나중에 살펴볼 AutoML 프레임워크인 오토케라스^AutoKeras는 모델링 단계에 적용하는 신경망 아키텍처 검색 및 하이퍼파라미터 최적화 방법을 사용한다.

AutoML은 파이프라인의 각 단계를 자동화하려고 하지만 일반적으로 자동화하는 데 시간이 많이 걸리는 주요 단계는 다음과 같다.

- 피처 엔지니어링 자동화

- 모델 선택 및 하이퍼파라미터 튜닝 자동화

- 신경망 아키텍처 선택 자동화

피처 엔지니어링 자동화

모델에서 사용하는 피처는 ML 알고리듬의 성능에 직접적인 영향을 준다. 피처 엔지니어링에는 많은 시간과 인적 자원(데이터 과학자)을 투자해야 하며 많은 시행착오와 깊은 도메인 지식이 필요하다.

피처 엔지니어링 자동화는 ML 모델이 우수한 예측 성능을 달성할 때까지 새로운 피처 세트를 반복적으로 생성하는 것을 기반으로 한다.

표준 피처 엔지니어링 프로세스에서 데이터셋(예: 구직 웹사이트에서 구직자의 행동을 수집한 데이터셋)을 수집한다. 일반적으로 데이터 과학자는 다음과 같은 피처가 데이터에 아직 없는 경우 새 피처를 만든다.

- 검색 키워드

- 구직자가 읽은 구인 제목

- 입사 지원 신청 빈도

- 마지막 입사 지원 신청 이후 시간

- 지원자가 지원하는 구인 유형

피처 엔지니어링 자동화는 데이터에서 이러한 유형의 피처를 자동으로 생성하거나 가져오는 알고리듬을 생성하려고 시도한다.

모델 계층에서 행렬 변환을 사용해 이미지, 텍스트, 비디오에서 자동으로 피처를 추출하는 딥러닝^{deep learning}이라는 특수한 형태의 ML도 있다.

모델 선택 및 하이퍼파라미터 최적화 자동화

데이터 전처리 단계 후에는 이러한 피처를 사용해 새로운 관찰에서 예측할 수 있도록 ML 알고리듬을 찾아봐야 한다. 데이터 전처리 단계와 달리 모델 선택에는 선택할 수 있는 옵션이 많다. 분류 및 회귀 모델, 신경망 기반 모델, 클러스터링 모델 등이 있다.

각 알고리듬은 특정 클래스의 문제에 적합하며 모델 선택을 자동화하면 특정 작업에 적합한 모든 모델을 실행하고 가장 정확한 모델을 선택해 최적의 모델을 찾을 수 있다. 모든 데이터셋에서 잘 작동하는 ML 알고리듬은 없으며, 다른 알고리듬보다 더 많은 하이퍼파라미터 튜닝이 필요한 알고리듬이 있다. 실제로 모델을 선택하는 동안 다른 하이퍼파라미터로 실험하는 경향이 있다.

하이퍼파라미터란 무엇인가?

모델의 학습 단계에서는 설정할 변수가 많다. 기본적으로 파라미터와 하이퍼파라미터의 두 가지 유형으로 묶을 수 있다. **파라미터**parameter는 신경망의 가중치 및 바이어스와 같이 모델 학습 프로세스에서 학습된 것이고, **하이퍼파라미터**hyperparameter는 학습률, 드롭아웃 등과 같이 학습 프로세스 직전에 초기화되는 것이다.

검색 방법 유형

모델의 최적 하이퍼파라미터를 찾는 알고리듬이 많이 있다. 그림 1.5는 오토케라스에서도 사용하는 가장 잘 알려진 그림이다.

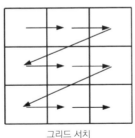
그리드 서치
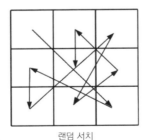
랜덤 서치
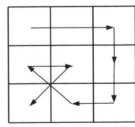
베이지안 서치

그림 1.5 하이퍼파라미터 탐색 경로

하이퍼파라미터 탐색에 대해 더 자세히 이해해보자.

- **그리드 서치**grid search: 변수 세트(하이퍼파라미터)와 각 변수에 대한 값 세트가 주어지면 그리드 서치는 철저한 검색으로 변수에서 이러한 값의 가능한 모든 조합을 테스트하여 정밀도와 같은 정의한 평가 측정 항목을 기반으로 가능한 최상의 모델을 찾는다. 학습률과 드롭아웃을 튜닝할 하이퍼파라미터로 사용하는 신경망의 경우 학습률 값 세트를 [0.1, 0.01]로 정의하고, 드롭아웃 값 세트를 [0.2, 0.5]로 정의할 수 있다. 그리드 서치는 다음 조합으로 모델을 학습시킨다.

  (a) 학습률: 0.1, 드롭아웃 = 0.2 => 모델 버전 1

  (b) 학습률: 0.01, 드롭아웃 = 0.2 => 모델 버전 2

  (c) 학습률: 0.1, 드롭아웃 = 0.5 => 모델 버전 3

  (d) 학습률: 0.01, 드롭아웃 = 0.5 => 모델 버전 4

- **랜덤 서치**random search: 그리드 서치와 유사하지만 모델 조합의 학습을 임의의 순서로 실행한다. 랜덤 탐색 기능은 일반적으로 랜덤 서치를 그리드 서치보다 쉽게 만든다.

- **베이지안 서치**Bayesian search: 확률 함수를 최대화하는 조합만 탐색하는 베이지안 정리를 기반으로 하이퍼파라미터 피팅을 수행한다.

- **하이퍼밴드**hyperband: 하이퍼파라미터 최적화에 대한 밴딧 기반 접근 방식bandit-based approach을 사용해 탐색/이용 딜레마를 해결하려는 랜덤 서치의 새로운 변형이다.

신경망 아키텍처 선택 자동화

신경망 아키텍처 설계는 ML 세계에서 가장 복잡하고 지루한 작업 중 하나다. 일반적으로 기존 ML에서 데이터 과학자는 많은 시간을 사용한다. 모델의 목적 함수를 최적화하기 위해 서로 다른 하이퍼파라미터로 서로 다른 신경망 아키텍처를 반복적으로 학습시킨다. 이 작업은 시간이 많이 걸리고 깊은 지식이 필요하며 때때로 오류가 발생하기 쉽다.

2010년대 중반, 최적의 신경망 아키텍처를 설계하고 찾기 위해 진화 알고리듬과 강화 학습을 사용해 NAS^{Network Architecture Search}라는 신경망을 탐색하는 아이디어가 도입됐다. 기본적으로 모델을 학습시켜 계층을 만들고 이를 쌓아서 심층 신경망 아키텍처를 만든다.

NAS 시스템에는 다음 세 가지 주요 구성요소가 포함된다.

- **검색 공간**: 일련의 작업 블록(전체 연결, 합성곱 등)과 이러한 작업들이 서로 연결되어 유효한 네트워크 아키텍처를 형성하는 방법으로 구성된다. 전통적으로 검색 공간 설계는 데이터 과학자가 수행한다.

- **검색 알고리듬**: NAS 검색 알고리듬은 여러 후보 네트워크 아키텍처 모델을 테스트한다. 테스트를 통해 얻은 측정 항목에서 성능이 가장 높은 후보를 선택한다.

- **평가 전략**: 성공적인 결과를 얻기 위해 많은 수의 모델을 테스트하는 과정에 계산 비용이 많이 들기 때문에 시간이나 컴퓨팅 리소스를 절약하기 위해 새로운 방법이 자주 등장한다.

그림 1.6에서 세 가지 구성요소 간의 관계를 볼 수 있다.

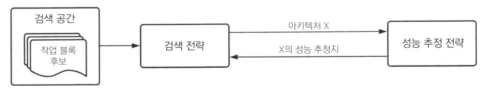

그림 1.6 NAS 구성요소 관계

현재 NAS는 많은 관심을 끄는 새로운 연구 분야이며 여러 연구 논문이 발표됐는데, https://www.ml4aad.org/automl/literature-on-neural-architecture-search/에서 확인할 수 있다. 가장 많이 인용된 논문은 다음과 같다.

- **NASNet**(https://arxiv.org/abs/1707.07012) – '확장 가능한 이미지 인식을 위한 학습 전달 가능한 아키텍처^{Learning Transferable Architecture for Scalable Image Recognition}': 이미지 분류를 위한 고정밀 모델은 많은 계층이 있는 매우 복잡한 신경망을 기반으로 한다.

NASNet은 관심 있는 데이터셋에서 직접 모델 아키텍처를 학습하는 방법이다. 데이터셋이 매우 큰 경우 매우 복잡한 신경망을 기반으로 하는 것은 비용이 높기 때문에 먼저 작은 데이터셋에서 아키텍처 빌딩 블록을 찾은 다음 블록을 더 큰 데이터셋으로 전송한다. 이 접근 방식은 AutoML로 달성할 수 있는 성공적인 예다. NASNet에서 생성한 모델은 종종 사람이 설계한 최첨단 모델보다 성능이 뛰어나다. 그림 1.7에서 NASNet의 작동 방식을 볼 수 있다.

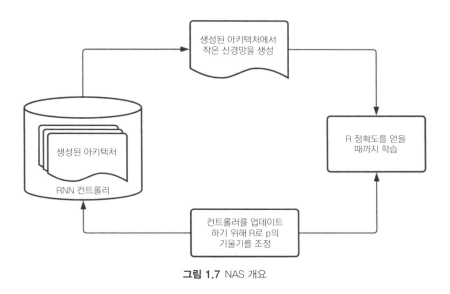

그림 1.7 NAS 개요

- **AmoebaNet** – '이미지 분류기 아키텍처 검색을 위한 정규화된 진화Regularized Evolution for Image Classifier Architecture Search': 이 접근 방식은 진화 알고리듬을 사용해 고품질 아키텍처를 효율적으로 발견한다. 현재까지 이미지 분류에 적용한 진화 알고리듬은 인간이 만든 알고리듬을 능가하지 못했다. AmoebaNet-A가 처음으로 인간이 만든 알고리듬을 능가한다. 핵심은 가장 어린 유전자형을 선호하는 연령 속성을 도입해 선택 알고리듬을 수정하는 것이다. AmoebaNet-A는 더 복잡한 아키텍처 검색 방법으로 발견한 최신 ImageNet 모델과 유사한 정밀도를 갖고 있으며, 진화가 결과를 더 빨리 얻을 수 있음을 보여준다. 동일한 하드웨어, 특히 초기 검색 단계에서 사용 가능한 계산 리소스가 거의 없을 때 특히 중요하다. 그림 1.8은 역사상 대표적인

차세대 이미지 분류 모델에 대한 정밀도와 모델 크기 간의 상관관계를 보여준다. 점선 원은 AmoebaNet 모델에 대해 84.3%의 정확도를 보여준다.

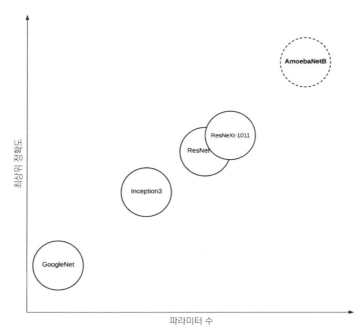

그림 1.8 ImageNet 데이터셋을 사용하는 최첨단 이미지 분류 모델에 대한 최상위 정확도와 모델 크기 간의 상관관계

- **효율적 신경 아키텍처 검색**^{ENAS, Efficient Neural Architecture Search}: ENAS는 NASNet의 변형으로서, 모든 하위 모델이 가중치를 공유할 수 있도록 하여 효율성을 향상하므로 각 하위 모델을 처음부터 학습시킬 필요가 없다. 이 최적화는 분류 성능을 크게 향상한다.

ML 파이프라인의 여러 단계를 자동화하는 데 사용할 수 있는 많은 ML 도구가 있으며 모두 비슷한 목표를 갖고 있다. 다음은 가장 많이 사용하는 ML 도구다.

- **오토케라스**^{AutoKeras}: 딥러닝 프레임워크인 케라스^{Keras}를 기반으로 하고 하이퍼파라미터 검색 및 NAS를 사용하는 AutoML 시스템이다.

- **auto-sklearn**: 베이지안 최적화, 메타 학습, 모델 앙상블을 사용해 알고리듬 선택 및 하이퍼파라미터 튜닝을 자동화하는 특수한 유형의 사이킷런 추정기[scikit-learn estimator]를 사용할 수 있는 AutoML 툴킷이다.

- **DataRobot**: AI를 대규모로 구축, 배포 및 유지 관리하기 위한 엔드 투 엔드[end-to-end] 프로세스를 자동화하는 AI 플랫폼이다.

- **Darwin**: 모델 수명 주기에서 가장 느린 단계를 자동화하여 모델의 장기적인 품질과 확장성을 보장하는 AI 도구다.

- **H2O-DriverlessAI**: AutoML용 AI 플랫폼이다.

- **구글의 AutoML**: ML 경험이 없는 개발자가 프로젝트에서 고성능 모델을 학습시키고 사용할 수 있도록 하는 ML 제품이다. 이 도구는 구글의 강력한 차세대 전이 학습 및 신경 아키텍처 검색 기술을 사용한다.

- **마이크로소프트 애저 AutoML**: 이 클라우드 서비스는 다양한 알고리듬과 매개변수를 시도하는 많은 파이프라인을 병렬로 생성한다.

- **트리 기반 파이프라인 최적화 도구**[TPOT, Tree-based Pipeline Optimization Tool]: 유전 프로그래밍을 사용해 머신러닝 파이프라인을 최적화하는 파이썬 자동 머신러닝 도구다.

'AutoML 접근 방식과 도구의 평가 및 비교[Evaluation and Comparison of AutoML Approaches and Tools]' 논문에서 현존하는 주요 AutoML 도구를 자세히 비교한 내용을 확인할 수 있다. H2O-DriverlessAI, DataRobot, Darwin 같은 주요 상용 솔루션을 사용해 데이터 스키마를 감지하고, 피처 엔지니어링을 실행하고, 해석 목적을 위해 세부 결과를 분석할 수 있지만 오픈소스 도구는 모델링 작업, 학습 및 모델 평가를 자동화하는 데 더 중점을 두고, 데이터 과학자에게는 데이터 중심의 작업을 맡긴다.

또한 이 연구에서는 테스트를 거친 다양한 평가와 벤치마크에서 오토케라스가 가장 안정적이고 효율적인 도구이며, 성능과 안정성이 모두 핵심 요소인 프로덕션 환경에서 매우 중요하다는 결론을 내렸다. 이 좋은 기능은 널리 사용되는 도구일 뿐만 아니라 이 책을 집필할 때 오토케라스가 AutoML 프레임워크로 선택한 주된 이유다.

⁂ 요약

1장에서는 ML 파이프라인의 여러 단계를 설명하는 것부터 하이퍼파라미터 최적화 및 신경 아키텍처 검색을 위한 알고리듬 유형을 자세히 설명하는 것까지 AutoML의 목적과 이점을 정의했다.

이제 AutoML의 주요 개념을 배웠으므로 다음 장으로 넘어갈 준비가 됐다. 여기서 오토케라스를 설치하는 방법과 이를 사용해 간단한 네트워크를 학습시키는 방법을 배운 다음, 더 복잡한 기술로 진행하면서 고급 모델을 학습시킬 것이다.

⁂ 더 읽을거리

- 베이즈 정리Bayes' theorem: https://towardsdatascience.com/bayes-theorem-the-holy-grail-of-data-science-55d93315defb

- 탐색 대 이용 딜레마: https://towardsdatascience.com/intuition-exploration-vs-exploitation-c645a1d37c7a

- 멀티암드 밴딧multiarmed bandit: https://homes.di.unimi.it/~cesabian/Pubblicazioni/ml-02.pdf

- AmoebaNet: https://arxiv.org/abs/1802.01548

- ENAS: https://arxiv.org/abs/1802.03268

- AutoML 접근 방식과 도구의 평가 및 비교: https://arxiv.org/pdf/1908.05557.pdf

02

오토케라스 시작하기

2장에서는 **오토케라스**AutoKeras를 시작하는 데 필요한 모든 것을 살펴보고 잘 설명된 기본 코드 예제를 통해 실습해볼 것이다. 이 장의 끝에서 몇 줄의 코드로 잘 알려진 **MNIST**Modified National Institute of Standards and Technology 데이터셋인 손으로 쓴 숫자를 분류하는 간단한 분류 모델을 만드는 방법을 알게 될 것이다.

1장에서 봤듯이 **DL**(딥러닝) 자동화는 학습 시간을 단축하고 자동화 가능성이 낮은 다른 파이프라인 프로세스에 인적 자원(데이터 과학자)을 할당함으로써 이점을 제공한다.

이 책에서는 자동화를 위해 오토케라스를 선택했다. 오토케라스는 **텐서플로**TensorFlow 기반으로 널리 알려진 신경망 라이브러리인 **케라스**Keras를 기반으로 하는 **ML** 자동화 프레임워크로, DL 모델 개발을 위한 높은 수준의 구성요소를 제공한다.

다음으로, 오토케라스를 설치하고 실질적인 예를 들어 사용하는 방법을 알아볼 것이다. 하지만 먼저 몇 가지 관련 개념을 설명하면서 다음 질문에 답을 해보겠다.

- 딥러닝이란 무엇인가?
- 신경망이란 무엇이며 어떻게 학습하는가?

- 딥러닝 모델은 어떻게 학습하는가?

- 왜 오토케라스인가?

- 오토케라스 설치

- Hello MNIST: 첫 번째 오토케라스 실험 구현

⠿ 기술 요구사항

이 책의 모든 코딩 예제는 주피터 노트북Jupyter Notebook으로 제공한다. 주피터 노트북은 https://github.com/PacktPublishing/Automated-Machine-Learning-with-AutoKeras에서 다운로드할 수 있다.

주피터 노트북은 셀cell이라고 하는 일련의 단계로 코드를 개발할 수 있는 파이썬Python 기반 환경을 제공한다. 노트북은 또한 셀에서 리눅스 기반 명령을 실행해 셀에서 라이브러리/종속성을 설치할 수 있는 유연성을 제공한다.

따라서 이 장의 코딩 예제를 실행하려면 주피터가 설치된 컴퓨터만 있으면 된다. 예를 들어, 우분투Ubuntu/리눅스Linux에서는 다음과 같은 명령으로 설치할 수 있다.

```
$ apt-get install python3-pip jupyter-notebook
```

위의 명령은 주피터 노트북 패키지와 모든 종속성을 설치한다. 더 자세한 내용은 '우분투 리눅스 워크스테이션에 오토케라스 설치' 절을 참고하자.

또는 구글 코랩Google Colaboratory을 사용해 예제 노트북을 실행할 수도 있다. 이 경우 웹 브라우저만 있으면 된다. 자세한 내용은 '구글 코랩에서 오토케라스 사용하기' 절을 참고하라.

딥러닝이란 무엇인가?

DL은 관련 피처 추출을 담당하는 연속 계층을 구현해 데이터에서 패턴을 추출하는 ML의 하위 범주다. 이러한 패턴은 신경망(뇌 뉴런에서 영감을 받음)이라고 하는 ML 모델을 통해 학습되고, 하나가 다른 계층 위에 쌓인 계층으로 구조화된다. 계층이란 무엇인가? 계층은 입력을 처리하고 출력을 생성하는 작업을 수행하는 **셀**cell이라고 하는 노드의 집합이다. 이런 종류의 작업은 상태가 보존되지 않을 수 있지만 일반적으로 **가중치**weight라고 하는 부동소수점 배열에 저장된 상태를 갖는다.

그림 2.1과 같이 한 자릿수 이미지를 인식하는 다층 깊이 신경망을 살펴본다.

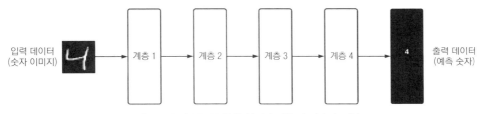

그림 2.1 숫자 분류를 위한 신경망 계층의 시각적 표현

네트워크를 여러 필터가 있는 깔때기로 생각할 수 있다. 여기서 각 계층은 원하는 값을 얻을 때까지 불순물을 줄이는 필터와 동일하다.

DL은 컴퓨터 비전, **자연어 처리**NLP, Natural Language Processing, 신호 처리 등 많은 분야에서 여러 애플리케이션을 갖고 있으므로 이 책에서 설명하는 기술을 여러 분야의 문제 해결에 적용할 수 있다.

이제 신경망에 대한 간략한 설명과 함께 학습이 어떻게 일어나는지 살펴보자.

신경망이란 무엇이며 어떻게 학습하는가?

이전에 말했듯이 신경망은 서로 연결된 계층 집합이다. 각 계층은 노드 집합을 포함하고 각 노드에는 연관된 가중치가 있다. 신경망 학습은 모델이 좋은 예측을 할 수 있도록 이러한 가중치를 적절한 방식으로 간단히 수정하는 것으로 구성된다. 그림 2.2에서 간단한 2계층 네트워크를 볼 수 있다.

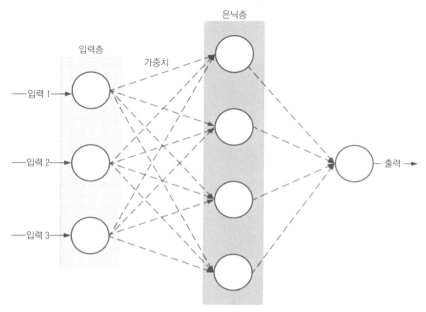

그림 2.2 2계층 신경망의 시각적 표현

이 다이어그램의 각 원은 생물학적 뉴런의 기능에서 영감을 얻은 수학적 기능에 불과한 인공 뉴런이다. 이러한 인공 뉴런은 인공 신경망의 기본 단위이며, 하나 이상의 입력(숫잣값)을 받아서 인수 또는 가중치를 곱한 다음 결과를 추가해 출력값을 생성하는 작업으로 구성된다.

이러한 모델은 입력과 출력이 정의된 데이터 집합에서 우리가 알지 못하는 출력되는 새 데이터를 예측하는 방법을 배울 수 있기 때문에 간단하지만 정말 강력하다. 예를 들어, 일련의 입력 변수(평방미터, 위치 등)를 기반으로 하는 주택 가격을 신경망으로 학습하면 네트워크는 이러한 변수를 기반으로 새 주택 가격을 예측할 수 있다.

DL 모델의 주요 개념을 소개했으므로 이제 이러한 모델을 학습시키는 방법을 살펴보자.

딥러닝 모델은 어떻게 학습하는가?

다음과 같이 한 자릿수 이미지를 인식하는 다층 깊이 신경망을 살펴보자.

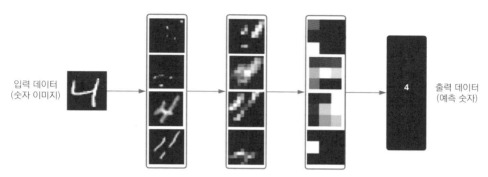

그림 2.3 숫자 분류를 위한 신경망의 계층 콘텐츠 렌더링

그림 2.3에서 볼 수 있듯이 네트워크는 숫자 이미지에서 패턴을 추출한다. 각 계층에서 서로 다른 결과를 생성하기 때문에 각 계층은 이미지의 일부 특정 피처를 전문적으로 처리해 해당 카테고리를 식별하는 데 필요한 키를 제공한다.

이 방법이 기본적으로 데이터에서 패턴을 단계적으로 학습하는 기술인 DL이다. 매우 간단한 개념을 기반으로 하지만 이를 조정하고 충분히 스케일링하면 놀라운 예측을 할 수 있다.

이제 오토케라스가 **자동화된 ML**^{AutoML}에서 선호되는 도구인 이유를 살펴보자.

왜 오토케라스인가?

1장에서 설명했듯이 오토케라스는 ML 전문가가 아닌 사람도 간단한 방법으로 고성능 모델을 만들 수 있는 오픈소스 AutoML 프레임워크다. 같은 목적을 가진 유사한 도구가 있지만 오토케라스는 DL에 특화돼 있다. 하지만 AutoML을 위한 유일한 솔루션은 아니며 사용할 수 있는 여러 AutoML 서비스가 있다. 대부분은 클라우드 컴퓨팅 플랫폼(아마존^{Amazon}, 구글^{Google}, IBM$^{International\ Business\ Machines}$)이며 다음과 같은 중요한 단점이 있다.

- 머신러닝 클라우드 플랫폼은 비싸다. 일반적으로 무료 크레딧이 있는 평가판 기간이 있지만 정기적으로 사용하려면 매월 비용을 지불해야 한다.
- 클라우드 플랫폼에 따라 일부는 구성 및 확장이 쉽지 않아 컨테이너와 클러스터에 대한 지식이 필요한 경우가 있다.
- 클라우드 플랫폼들은 사용하기 쉽지만 유연성이 떨어지는 솔루션을 제공하는 경향이 있다.

오토케라스는 오픈소스 모델을 기반으로 하기 때문에 소스 코드를 보고, 설치하고, 로컬에서 무료로 실행할 수 있으므로 클라우드 플랫폼을 사용할 때 발생하는 문제를 해결한다.

오토케라스는 다음과 같은 네 가지 주요 기능을 기반으로 설치 및 사용이 간편하다.

- 케라스 API를 기반으로 하는 명확하고 직관적인 API^{Application Programming Interface}가 있다. 프로그래밍 경험이 없는 사용자도 사용법을 쉽게 배울 수 있지만, 고급 사용자는 하위 수준의 시스템 매개변수를 조정할 수도 있다.
- 로컬과 클라우드 모두에서 작동할 수 있다.
- 로컬 시스템에서 사용할 수 있는 GPU^{Graphic Processing Unit}(그래픽 처리 장치) 메모리 기능에서 신경 아키텍처의 크기를 조정하는 동적 구성을 기반으로 한다.
- 오픈소스 커뮤니티에서 적극적으로 개발 및 유지 관리한다.

오토케라스를 사용해 손으로 쓴 숫자를 예측하는 간단한 분류 모델을 만드는 실용적인 예를 살펴보자. 그러나 먼저 오토케라스와 이에 필요한 종속성을 설치하여 작업 환경을 구성해야 한다.

오토케라스 실험 실행 방법

이 책의 모든 코딩 예시를 구현하기 위한 주요 도구로서 주피터 노트북을 사용할 것이다.

> **노트북**(notebook)은 라이브 코드, 시각화, 서식 있는 텍스트를 포함하는 문서를 만들고 공유하기 위한 오픈소스 프레임워크인 주피터 노트북(https://jupyter.org)에서 생성한 파일이다. 편집과 실행은 모두 웹 브라우저에서 수행되며 프로그래밍 중인 내용을 명확하고 시각적으로 보여주는, 코드 및 서식 있는 텍스트의 스니펫(셀이라고 함)을 추가할 수 있다. 각 코드 셀은 독립적으로 실행할 수 있으므로 개발이 대화식으로 이뤄지며, 오류가 있는 경우 모든 코드를 실행할 필요가 없다.

그림 2.4의 스크린샷에서 도구 모음의 **Run**^{실행} 버튼을 클릭해 주피터 노트북이 웹 브라우저에서 실험(노트북 파일)을 실행하는 방법을 확인할 수 있다.

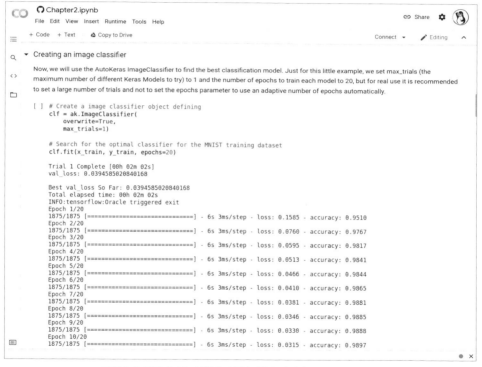

그림 2.4 오토케라스 실험에서 학습 셀만 실행하는 주피터 노트북

주피터 노트북을 사용하는 것은 오토케라스를 시작하는 좋은 방법이지만 유일한 방법은 아니다. 독립 실행형 파이썬 스크립트에서 코딩하거나 명령줄 또는 자체 **통합개발환경**^{IDE, Integrated Development Environment}에서 실행할 수도 있다.

⠿ 오토케라스 설치

다음 절에서는 오토케라스를 설치하기 위해 존재하는 다양한 옵션과 각 옵션을 단계별로 구성하는 방법을 자세히 설명한다.

오토케라스를 설치할 때 선택할 수 있는 두 가지 옵션이 있다. 로컬 워크스테이션에 설치하거나 클라우드에 설치할 수 있다. 이 장 전체에 걸쳐 두 옵션 각각에 대해 장단점을 분석할 것이다.

클라우드에 오토케라스 설치

클라우드에서는 **AWS**^{Amazon Web Services} 인스턴스/컨테이너에 설치하거나 **구글 코랩** Google Colaboratory을 사용하는 두 가지 옵션이 있다. 두 경우 모두 그림 2.5의 스크린샷과 같이 웹 브라우저에서 주피터 노트북으로 클라우드 인스턴스에 연결한다. 노트북을 실행하려면 인터넷에 연결된 컴퓨터만 있으면 된다.

그림 2.5 오토케라스 클라우드 구성

클라우드에 대한 옵션을 더 자세히 살펴보자.

구글 코랩에서 오토케라스 사용하기

구글은 워크스테이션의 성능에 관계없이 구글 하드웨어(GPU 또는 텐서 처리 장치[TPU, Tensor Processing Unit])의 성능을 활용해 주피터 노트북을 업로드하고 구글의 클라우드 서버에서 실행할 수 있는 코랩이라는 주피터 노트북 호스팅 서비스를 제공한다. 웹 브라우저만 있으면 된다. 또한 이전에 말했듯이 주피터 노트북은 종속성을 직접 설치할 수 있으므로 주피터 노트북을 실행하는 동안(이 책의 주피터 노트북에서 하는 것처럼) 오토케라스 설치를 할 수 있다.

다음 세 단계만 수행해도 MNIST 노트북을 실행할 수 있다.

1. https://colab.research.google.com에서 계정 만들기

2. 코랩에서 다음 링크를 사용해 깃허브[GitHub]에서 노트북 열기

   https://colab.research.google.com/github/PacktPublishing/Automated-Machine-Learning-with-AutoKeras/blob/main/Chapter02/Chapter2.ipynb

3. **Run** 버튼을 클릭해 오토케라스 설치를 시작하고 실험을 실행한다. 그림 2.6의 스크린샷에서 코랩으로 실험하는 것을 볼 수 있다.

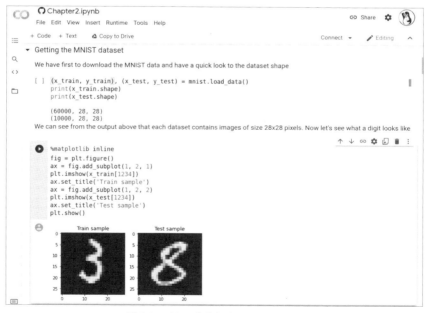

그림 2.6 구글 코랩에서 실행되는 오토케라스

따라서 구글 코랩은 노트북을 빠르고 쉽게 탐색하고 실행할 수 있는 매우 좋은 옵션이다. 다음으로 AWS 인스턴스나 워크스테이션에서 노트북을 실행하기 위해 필요한 종속성과 함께 주피터 노트북을 설치하는 방법을 자세히 설명한다.

AWS의 오토케라스

기본적으로 GPU 지원 및 **CUDA**^{Compute Unified Device Architecture} 라이브러리가 있는 아마존 EC2 우분투/리눅스 인스턴스를 생성해야 한다. 오토케라스는 주피터 노트북이 실행 중일 때 설치되므로 주피터 프레임워크를 설치하고 주피터 노트북을 실행하기만 하면 된다. 그림 2.7의 스크린샷은 AWS 인스턴스에서 오토케라스 설치의 클라이언트 및 서버 측을 보여준다.

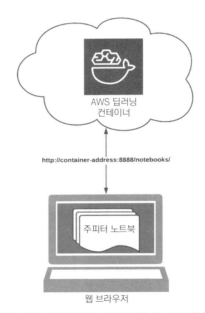

그림 2.7 AWS 인스턴스에서 실행되는 오토케라스

AWS에는 많은 인스턴스가 있으며, 그중 일부는 CUDA 및 주피터 라이브러리가 사전 설치돼 있고 해당 포트를 브라우저에서 액세스할 수 있도록 매핑돼 있다. 이러한 구성은 이 책의 내용은 벗어나지만 https://docs.aws.amazon.com/dlami/에는 가장 많이

사용하는 DL 프레임워크가 미리 설치되어 있는 아마존 리눅스 또는 우분투에서 아마존 EC2[Elastic Compute Cloud] 인스턴스를 신속하게 구축할 수 있는 DL AMI[Amazon Machine Image] 설정 방법에 관한 자세한 정보가 있다.

인스턴스보다 컨테이너를 선호하는 경우 DL 소프트웨어가 사전 설치된 상태로 이전 AMI와 유사한 도커 이미지인 **AWS DL 컨테이너**[AWS DL Containers]를 실행할 수도 있다. https://aws.amazon.com/ko/machine-learning/containers/에 자세히 나와 있다.

클라우드의 오토케라스: 장점과 단점

강력한 GPU가 없다면, 클라우드는 추가 하드웨어를 구입하지 않고도 시작할 수 있는 훌륭하고 저렴한 옵션이다.

클라우드 오퍼링을 통해 오토케라스를 쉽게 시작할 수 있다. AWS 인스턴스에서 처음 부터 설정하거나 구글 코랩(colab.research.google.com)과 같은 클라우드 서비스에 코드 를 업로드하거나 오토케라스 확장 기능을 사용해 원격 서버에서 학습을 실행할 수 있다. 이 책의 끝부분에서 텐서플로 클라우드[TensorFlow Cloud]라는 확장 기능을 통해 코드 몇 줄만 더 삽입하면 **GCP**[Google Cloud Platform]에서 프로그램을 실행할 수 있으며, 이 클라 우드 플랫폼의 컴퓨팅 성능을 쉽게 활용할 수 있다.

그러나 좀 더 집중적으로 DL을 장기적으로 사용하려면 이 구성이 가장 적합하지는 않다. 클라우드 인스턴스 또는 서비스는 비용이 많이 들고 몇 시간 이상 모델을 학습시 켜야 하는 경우 GPU가 하나 이상 있는 로컬 워크스테이션에 투자할 가치가 있다.

반면에 대규모 온디맨드[on-demand] 구성이 필요한 경우 자체 서버 클러스터를 설정하려 면 인적 및 하드웨어 리소스 비용이 많이 들기 때문에 클라우드를 이용할 때보다 확장 및 유지 관리가 훨씬 더 어렵다.

그림 2.8의 스크린샷에서 클라우드와 온프레미스[on-premises] 간의 주요 차이점을 확인할 수 있다.

클라우드	vs	온프레미스
짧다	**셋업 시간**	길다
작다	**투자**	크다
발생함	**IT 비용**	발행하지 않음
예측 가능	**총 비용**	예측 불가능
낮음	**커스터마이징 가능성**	높음
보통	**보안**	높음
높음	**확장성**	보통

그림 2.8 클라우드 및 로컬에서 오토케라스 사용 시 비용 비교

요컨대, 클라우드에서 오토케라스를 실행하는 것은 아주 좋은 시작 방법이다. 이 책의 코드 예제를 따라 구글 코랩 같은 강력한 클라우드 도구를 사용해 최첨단 예측 결과를 얻을 수 있지만, 며칠 또는 몇 주 동안 직접 실험을 실행할 계획이라면 GPU를 직접 확보하는 것이 가장 좋다.

오토케라스 로컬 설치

자체 하드웨어 리소스가 이미 있는 경우 소프트웨어를 설치해 모델을 실행할 수 있다. 다음에 설명하는 옵션은 해당 목표를 달성하는 데 도움이 될 것이다.

운영체제 선택

오토케라스용 운영체제를 선택할 때 리눅스는 의심할 여지 없이 워크스테이션과 클라우드 모두에 가장 적합한 옵션이다.

윈도우에서 오토케라스를 사용할 수는 있지만 권장하지 않는다.

좀 더 구체적으로 말하자면, 사용 가능한 패키지의 수와 ML 커뮤니티에서 가장 많이 사용되는 시스템이기 때문에 이상적인 옵션은 우분투 리눅스 시스템이다. 윈도우를 함께 사용하고 싶을 때 가장 간단하고 빠른 솔루션은 https://help.ubuntu.com/ community/WindowsDualBoot 링크의 지침에 따라 워크스테이션에 멀티 부팅으로 우분투를 설치하는 것이다.

오토케라스 도커 이미지를 사용할 수도 있지만, 하드웨어에 따라 GPU 액세스에 문제가 발생하는 경우가 있다.

우분투 리눅스 워크스테이션에 오토케라스 설치

워크스테이션에 우분투를 설치했으면 다음 단계에 따라 오토케라스를 설치하고 이 책과 함께 제공되는 노트북 파일을 실행할 수 있다.

1. 셸을 열고 다음 명령을 실행해 주피터 노트북을 설치한다.

```
$ apt-get install python3-pip jupyter-notebook
```

2. 다음 명령을 실행해 노트북을 시작한다.

```
$ jupyter-notebook
```

3. 이제 브라우저에서 http://127.0.0.1:8888로 접속해 노트북 파일을 연다.

4. 상단 메뉴에서 Runtime^{런타임} > Run All^{모두 실행}로 이동해 코드를 실행한다. 오토케라스와 그 종속성은 나머지 코드를 실행하기 전에 설치된다.

중요 참고사항

> GPU 설정(옵션): 워크스테이션에 GPU가 있고 오토케라스가 GPU를 사용해 학습을 가속화하려면 다음 튜토리얼을 따라 설정하면 된다.
>
> https://www.tensorflow.org/install/gpu

오토케라스는 매우 빠르게 발전하고 있기 때문에 설치 프로세스에 변경사항이 있을 수 있다. 따라서 https://autokeras.com/install/에서 최신 설치 지침을 살펴보는 것이 좋다.

도커 컨테이너를 사용해 오토케라스를 실행한다. 텐서플로 및 케라스를 시작하는 가장 쉬운 방법은 도커 컨테이너에서 실행하는 것이다.

도커^{Docker}는 운영체제 수준에서 가상화를 사용해 컨테이너라는 패키지에 소프트웨어를 설치할 수 있는 도구 집합이다. 각 컨테이너는 다음과 같이 동작한다. 자체 소프트웨어, 라이브러리 및 구성 파일이 있는 단일 운영체제이며 서로 격리돼 있다. 도커 컨테이너를 생성하는 프로세스는 다음과 같은 세 단계로 구성된다.

1. 먼저 **Dockerfile**이라는 파일에 도커 컨테이너가 정의돼 있다.

2. 도커 명령줄 도구를 사용해 이 Dockerfile에서 이미지를 빌드할 수 있다.

3. 빌드한 도커 이미지에서 도커 컨테이너를 시작할 수 있다. 그림 2.9에서 이 세 단계를 볼 수 있다.

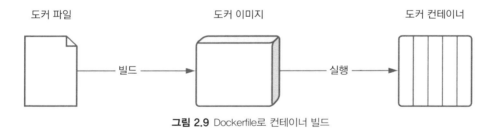

그림 2.9 Dockerfile로 컨테이너 빌드

도커 허브^{Docker Hub}(https://hub.docker.com/)라는 도커 이미지 공개 저장소가 있다. 여기에서 소프트웨어 패키지가 사전 설치된 수천 개의 도커 이미지를 찾을 수 있다.

다음 단계에 따라서 해당 종속성이 이미 설치된 최신 버전의 오토케라스 도커 이미지를 사용할 수 있다.

1. 다음과 같이 최신 오토케라스 도커 이미지를 컴퓨터에 다운로드한다.

```
$ docker pull haifengjin/autokeras:latest
```

2. 다음과 같이 오토케라스 도커 컨테이너를 실행한다.

```
$ docker run -it --shm-size 2G haifengjin/autokeras /bin/bash
```

더 많은 메모리가 필요하면 shm-size 값을 변경하면 된다.

3. 다음과 같이 컨테이너 내부에서 로컬 파이썬 스크립트를 실행한다.

```
$ docker run -it -v hostDir:/app --shm-size 2G haifengjin/autokeras
python file.py
```

실행할 파이썬 파일이 있는 hostDir:/app 호스트 폴더를 마운트했다.

이전 절에서 했던 것처럼 주피터 노트북을 설치하고 노트북에서 오토케라스 설치 프로세스를 진행할 수도 있다.

⁘ Hello MNIST: 첫 번째 오토케라스 실험 구현

첫 번째 실험은 MNIST 데이터셋을 사용하는 이미지 분류 모델이다. MNIST 분류 작업은 DL의 'hello world'와 같다. 손글씨 숫자의 이미지를 10가지 범주(0~9)로 분류하는 고전적인 문제다. 이 이미지는 ML에서 가장 유명하고 널리 사용되는 데이터셋인 MNIST에서 가져온 것으로, NIST가 1980년대에 수집한 7만 개의 이미지(교육용 6만 개, 테스트용 1만 개)를 포함하고 있다.

그림 2.10의 스크린샷에서 MNIST 데이터셋의 모든 숫자에 대한 몇 가지 샘플을 볼 수 있다.

그림 2.10 MNIST 데이터셋 샘플 이미지

오토케라스는 구조화된 데이터, 텍스트 또는 이미지와 같은 모든 유형의 데이터 입력이 각각 특정 클래스를 포함하므로 쉽게 분류하도록 설계됐다.

이 작업에서는 `ImageClassifier`를 사용한다. 이 클래스는 다양한 모델과 하이퍼파라미터를 생성하고 테스트하여 손으로 쓴 숫자의 이미지를 분류하는 최적의 분류 모델을 반환한다.

이제 노트북에서 가장 관련성이 높은 셀[1]을 자세히 살펴보자.

필요한 패키지 가져오기

다음과 같이 오토케라스 및 `matplotlib` 같은 필수 패키지를 로드한다.[2]

```
import autokeras as ak
import matplotlib.pyplot as plt
import numpy as np
import tensorflow as tf
from tensorflow.keras.datasets import mnist
```

---

1 앞에서도 언급했듯이 이 책에는 중요한 일부 셀의 코드만 나와 있다. 정상적으로 코드를 실행하기 위해서는 깃허브에서 내려받은 코드를 사용해야 한다. – 옮긴이

2 오토케라스를 사용하기 전에 주피터 노트북에서 `!pip3 install autokeras` 명령을 실행해 오토케라스를 설치해야 한다. – 옮긴이

이 패키지에는 일부 디지털 표현을 그림으로 그려주는 데 사용한 플로팅 파이썬 라이브러리가 포함돼 있으며, 사용한 데이터셋은 손으로 쓴 숫자 데이터(MNIST)다.

MNIST 데이터셋 가져오기

먼저 MNIST 데이터를 메모리에 로드하고 데이터셋 모양을 빠르게 살펴봐야 한다. 이를 위해 다음 코드를 실행한다.

```
(x_train, y_train), (x_test, y_test) = mnist.load_data()
print(x_train.shape)
print(x_test.shape)
```

다음과 같은 결과가 출력된다.

```
Downloading data from https://storage.googleapis.com/tensorflow/tf-keras-
datasets/mnist.npz
11493376/11490434 [==============================] - 0s 0us/step
(60000, 28, 28)
(10000, 28, 28)
```

위의 출력에서 각 데이터셋에 28 × 28픽셀 크기의 이미지가 포함돼 있음을 알 수 있다.

이제 다음 코드를 실행해 숫자가 어떻게 보이는지 확인해보자.

```
%matplotlib inline
fig = plt.figure()
ax = fig.add_subplot(1, 2, 1)
plt.imshow(x_train[1234])
ax.set_title('학습 샘플')
ax = fig.add_subplot(1, 2, 2)
plt.imshow(x_test[1234])
ax.set_title('테스트 샘플')
plt.show()
```

그림 2.11과 같은 결과가 출력된다.

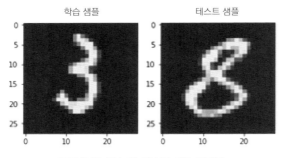

그림 2.11 학습 및 테스트 샘플 시각화

데이터셋의 일부 샘플을 살펴본 후에는 분포를 살펴볼 것이다.

숫자는 어떻게 분포하는가?

데이터셋으로 작업할 때는 데이터가 균일하게 분포돼 있는지 확인하는 것이 매우 중요
하다. 다음 코드 블록과 같이 numpy 함수를 사용해 쉽게 수행할 수 있다.

```
train_histogram = np.histogram(y_train)
test_histogram = np.histogram(y_test)
_, axs = plt.subplots(1, 2)
axs[0].set_xticks(range(10))
axs[0].bar(range(10), train_histogram[0])
axs[0].set_title('학습 데이터셋 히스토그램')
axs[1].set_xticks(range(10))
axs[1].bar(range(10), test_histogram[0])
axs[1].set_title('테스트 데이터셋 히스토그램')
plt.show()
```

그림 2.12와 같은 결과가 출력된다.

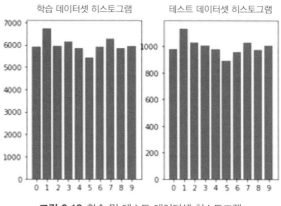

그림 2.12 학습 및 테스트 데이터셋 히스토그램

각 숫자 집합에 있는 비슷한 양의 샘플이 균등해 보이므로 이제 모델을 만들 차례다.

이미지 분류 모델 만들기

이제 오토케라스 ImageClassifier 클래스를 사용해 최상의 분류 모델을 찾는다. 이 작업은 간단한 예시를 위해 max_trials(시도할 다른 케라스 모델의 최대 수)를 1로 설정하고 각 모델을 학습시킬 에포크 수를 20으로 설정했지만 실제 사용 시에는 많은 시도를 할 수 있도록 설정하는 것이 좋다. epochs 매개변수를 설정하지 않으면 에포크 수를 자동으로 설정할 수 있다. 코드는 아래에서 볼 수 있다.

```
clf = ak.ImageClassifier(max_trials=1)
```

다음과 같이 MNIST 학습 데이터셋에 대한 최적의 분류 모델을 검색하도록 학습을 실행해보자.

```
clf.fit(x_train, y_train, epochs=10)
```

그림 2.13과 같은 결과가 출력된다.

```
Trial 1 Complete [00h 02m 41s]
val_loss: 0.04122922942042351

Best val_loss So Far: 0.04122922942042351
Total elapsed time: 00h 02m 41s
INFO:tensorflow:Oracle triggered exit
Epoch 1/20
1875/1875 [==============================] - 8s 4ms/step - loss: 0.1563 - accuracy: 0.9522
Epoch 2/20
1875/1875 [==============================] - 8s 4ms/step - loss: 0.0742 - accuracy: 0.9776
Epoch 3/20
1875/1875 [==============================] - 8s 4ms/step - loss: 0.0593 - accuracy: 0.9813
Epoch 4/20
1875/1875 [==============================] - 8s 4ms/step - loss: 0.0493 - accuracy: 0.9848
Epoch 5/20
1875/1875 [==============================] - 8s 4ms/step - loss: 0.0449 - accuracy: 0.9859
Epoch 6/20
1875/1875 [==============================] - 8s 4ms/step - loss: 0.0400 - accuracy: 0.9873
Epoch 7/20
1875/1875 [==============================] - 8s 4ms/step - loss: 0.0360 - accuracy: 0.9884
Epoch 8/20
1875/1875 [==============================] - 8s 4ms/step - loss: 0.0326 - accuracy: 0.9894
Epoch 9/20
1875/1875 [==============================] - 8s 4ms/step - loss: 0.0317 - accuracy: 0.9897
Epoch 10/20
1875/1875 [==============================] - 8s 4ms/step - loss: 0.0307 - accuracy: 0.9901
Epoch 11/20
1875/1875 [==============================] - 8s 4ms/step - loss: 0.0270 - accuracy: 0.9910
Epoch 12/20
1875/1875 [==============================] - 8s 4ms/step - loss: 0.0266 - accuracy: 0.9911
Epoch 13/20
1875/1875 [==============================] - 8s 4ms/step - loss: 0.0259 - accuracy: 0.9918
Epoch 14/20
1875/1875 [==============================] - 8s 4ms/step - loss: 0.0238 - accuracy: 0.9923
Epoch 15/20
1875/1875 [==============================] - 8s 4ms/step - loss: 0.0244 - accuracy: 0.9919
Epoch 16/20
1875/1875 [==============================] - 8s 4ms/step - loss: 0.0222 - accuracy: 0.9928
Epoch 17/20
1875/1875 [==============================] - 8s 4ms/step - loss: 0.0223 - accuracy: 0.9926
Epoch 18/20
1875/1875 [==============================] - 8s 4ms/step - loss: 0.0212 - accuracy: 0.9932
Epoch 19/20
1875/1875 [==============================] - 8s 4ms/step - loss: 0.0226 - accuracy: 0.9925
Epoch 20/20
1875/1875 [==============================] - 8s 4ms/step - loss: 0.0194 - accuracy: 0.9937
INFO:tensorflow:Assets written to: ./image_classifier/best_model/assets
```

그림 2.13 이미지 분류 모델 학습의 노트북 출력 결과

위의 출력 결과에서 모델은 단 몇 분 만에 학습 데이터셋에 대해 상당히 좋은 정확도에 도달했고, 가장 잘 생성된 모델을 디스크에 저장한다.

또한 에포크가 증가할 때마다 정밀도가 증가하는 것을 볼 수 있으므로, 에포크 수를 늘리면 완료하는 데 시간이 더 오래 걸리더라도 더 정확한 모델을 만들 수 있다. 많은 수의 에포크 후에 모델이 일반적으로 학습을 중지한다는 점을 고려하는 것도 중요하다.

예측의 실제 정확도를 알기 위해 테스트 데이터셋으로 테스트해본다.

테스트 세트로 모델 평가

학습이 끝나면 예약된 테스트 데이터셋을 사용해 모델의 실제 예측 결과를 측정할 차례다. 이러한 방식으로, 학습 세트로 얻은 좋은 결과가 과적합으로 인한 것이 아님을 알수 있다. 다음 코드 스니펫을 살펴보자.

```
metrics = clf.evaluate(x_test, y_test)
print(metrics)
```

다음과 같은 결과가 출력된다.

```
313/313 [==============================] - 1s 4ms/step - loss: 0.0354 -
accuracy: 0.9889
[0.03537507727742195, 0.9889000058174133]
```

학습 단계에서 몇 분밖에 걸리지 않았다는 점을 고려할 때 테스트 데이터셋을 사용해 예측 정확도(98.8%)가 매우 우수함을 알 수 있다.

단일 테스트 샘플을 예측하는 방법을 살펴본다. 먼저 숫자와 실젯값을 다음과 같이 시각화한다.

```
plt.imshow(x_test[1234])
plt.title('테스트 샘플 숫자: %s' % y_test[1234])
plt.show()
```

그림 2.14와 같은 결과가 출력된다.

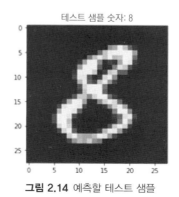

그림 2.14 예측할 테스트 샘플

이제 다음과 같이 분류 모델을 사용해 예측한 값을 출력한다.

```
print(clf.predict(x_test[1234, None]))
```

다음과 같은 결과가 출력된다.

```
[['8']]
```

출력된 결과가 실젯값과 일치하는 것을 볼 수 있으므로 분류 모델이 올바르게 예측했음을 알 수 있다. 이제 분류 모델이 어떻게 작동하는지 이해하기 위해 분류 모델 내부를 살펴보자.

모델 시각화

케라스로 분류 모델을 추출해서 가장 잘 생성된 모델의 아키텍처를 통해 약간의 요약을 볼 수 있다. 이 작업을 수행하는 데 필요한 코드는 다음과 같다.

```
model = clf.export_model()
model.summary()
```

그림 2.15와 같은 결과가 출력된다.

케라스 또는 텐서플로에 대한 경험이 없는 경우 이 출력 결과가 약간 혼란스러울 수 있지만 걱정하지 말자. 오토케라스가 모든 작업을 수행하고 이러한 세부 사항을 추상화하기 때문에 오토케라스를 사용하기 위해 그림 2.15에서 요약된 결과를 이해할 필요는 없지만, 항상 케라스 또는 텐서플로가 어떻게 작동하는지 아는 것이 좋다. 이후의 장에서 각 계층이 무엇을 의미하는지 자세히 살펴보겠지만 여기서 무슨 일이 일어나는지 요약해본다.

```
Model: "functional_1"

Layer (type)                    Output Shape           Param #
=================================================================
input_1 (InputLayer)            [(None, 28, 28)]       0

cast_to_float32 (CastToFloat    (None, 28, 28)         0

expand_last_dim (ExpandLastD    (None, 28, 28, 1)      0

normalization (Normalization    (None, 28, 28, 1)      3

conv2d (Conv2D)                 (None, 26, 26, 32)      320

conv2d_1 (Conv2D)               (None, 24, 24, 64)      18496

max_pooling2d (MaxPooling2D)    (None, 12, 12, 64)      0

dropout (Dropout)               (None, 12, 12, 64)      0

flatten (Flatten)               (None, 9216)            0

dropout_1 (Dropout)             (None, 9216)            0

dense (Dense)                   (None, 10)              92170

classification_head_1 (Softm    (None, 10)              0
=================================================================
Total params: 110,989
Trainable params: 110,986
Non-trainable params: 3
```

그림 2.15 이미지 분류 모델 아키텍처 요약

각 계층은 입력 데이터의 변환 작업을 수행하여 변환된 데이터를 다음 계층으로 전달한다.

다음 코드 스니펫에서 볼 수 있듯이 첫 번째 계층에는 이미지의 픽셀에 해당하는 28×28 입력이 있다.

```
input_1 (InputLayer)            [(None, 28, 28)]       0
```

다음 트리 계층은 이미지를 합성곱 연산(Conv2D)의 입력에 맞게 변환하고 정규화한다.

```
tf_op_layer_Cast (TensorFlow    (None, 28, 28)         0

tf_op_layer_ExpandDims (Tens    (None, 28, 28, 1)      0

normalization (Normalization    (None, 28, 28, 1)      3
```

이미지 분류에 널리 사용하는 합성곱 연산 계층은 필터를 사용해 이미지의 특성을 추출한다(이에 대해서는 이후의 장에서 설명함). 다음 스니펫에서 과정을 볼 수 있다.

conv2d (Conv2D)	(None, 26, 26, 32)	320
conv2d_1 (Conv2D)	(None, 24, 24, 64)	18496
max_pooling2d (MaxPooling2D)	(None, 12, 12, 64)	0

다음과 같이 드롭아웃dropout(신경 연결의 일부를 임의로 연결 해제)을 수행해 과적합을 방지하는 여러 계층이 있다.

dropout (Dropout)	(None, 12, 12, 64)	0
flatten (Flatten)	(None, 9216)	0
dropout_1 (Dropout)	(None, 9216)	0

이후 다음과 같이 합성곱 연산의 출력 차원을 0에서 9까지의 숫자에 해당하는 10개 요소로 줄이는 전체 연결 연산이 수행된다.

dense (Dense)	(None, 10)	92170

마지막 계층(Softmax)에는 다음과 같이 최종 예측 숫자에 해당하는 10개 요소 중 가장 높은 값만 남는다.

classification_head_1 (Softm	(None, 10)	0

모델을 시각화하는 더 그래픽적인 방법이 있으므로 다음 코드를 실행해 살펴본다.

```
from tensorflow.keras.utils import plot_model
plot_model(clf.export_model())
```

그림 2.16과 같은 결과가 출력된다.

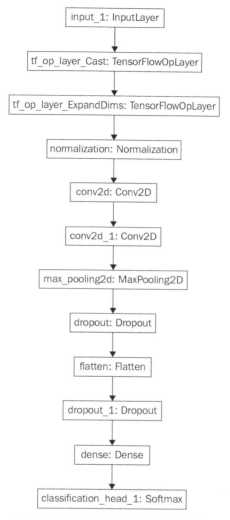

그림 2.16 이미지 분류 모델 아키텍처 시각화

위의 다이어그램에서 각 블록은 계층을 나타내며, 각 블록의 출력은 첫 번째 블록(입력이 이미지)과 마지막 블록(출력이 예측)을 제외하고 다음 계층의 입력에 연결된다.

이미지 회귀 분류 모델 만들기

이제 다른 접근 방식을 사용해 이미지에서 숫자를 알아낼 것이다. 회귀 모델은 분류 모델regressor을 호출한다.

이미지 회귀 분석기는 숫자의 스칼라값을 예측하여 0~9 범주로 분류한다.

오토케라스에는 ImageRegressor라는 특별한 클래스가 이미 준비되어 있어 최상의 회귀 모델을 찾을 수 있다.

분류 모델로 했던 것처럼 이 작은 예제에서는 max_trials(시도할 다른 케라스 모델의 최대 수)를 1로 설정하고 각 모델을 학습시킬 에포크 수를 20으로 설정했지만 실제 사용을 위해서는 크게 설정하는 것이 좋다. 시도 횟수를 설정하고 epochs 매개변수를 설정해 에포크 수를 자동으로 사용하도록 설정하지 않는 것이 좋다.

먼저 다음과 같이 이미지 회귀 분류 모델을 초기화한다.

```
reg = ak.ImageRegressor(
overwrite=True,
max_trials=1)
```

이제 다음과 같이 이미지 회귀 분류 모델에 학습 데이터셋을 공급한다.

```
reg.fit(x_train, y_train, epochs=20)
```

지금이 가장 중요한 순간이다. 테스트 세트로 평가해보자.

테스트 세트로 모델 평가

마지막으로, 다음 코드를 사용해 테스트 데이터셋으로 최상의 모델을 평가한다.

```
reg.evaluate(x_test, y_test)
```

그림 2.17과 같은 결과가 출력된다.

```
⯈ Trial 1 Complete [00h 20m 13s]
  val_loss: 0.1281747070291044

  Best val_loss So Far: 0.12817470729351044
  Total elapsed time: 00h 20m 13s
  INFO:tensorflow:Oracle triggered exit
  Epoch 1/20
  1875/1875 [==============================] - 70s 37ms/step - loss: 4.6799 - mean_squared_error: 4.6799
  Epoch 2/20
  1875/1875 [==============================] - 70s 37ms/step - loss: 0.9664 - mean_squared_error: 0.9664
  Epoch 3/20
  1875/1875 [==============================] - 70s 37ms/step - loss: 0.5637 - mean_squared_error: 0.5637
  Epoch 4/20
  1875/1875 [==============================] - 70s 37ms/step - loss: 0.5392 - mean_squared_error: 0.5392
  Epoch 5/20
  1875/1875 [==============================] - 70s 37ms/step - loss: 0.5031 - mean_squared_error: 0.5031
  Epoch 6/20
  1875/1875 [==============================] - 70s 37ms/step - loss: 0.4753 - mean_squared_error: 0.4753
  Epoch 7/20
  1875/1875 [==============================] - 70s 37ms/step - loss: 0.4194 - mean_squared_error: 0.4194
  Epoch 8/20
  1875/1875 [==============================] - 70s 37ms/step - loss: 0.5813 - mean_squared_error: 0.5813
  Epoch 9/20
  1875/1875 [==============================] - 70s 37ms/step - loss: 0.3162 - mean_squared_error: 0.3162
  Epoch 10/20
  1875/1875 [==============================] - 70s 37ms/step - loss: 0.2818 - mean_squared_error: 0.2818
  Epoch 11/20
  1875/1875 [==============================] - 70s 37ms/step - loss: 0.2313 - mean_squared_error: 0.2313
  Epoch 12/20
  1875/1875 [==============================] - 70s 37ms/step - loss: 0.2017 - mean_squared_error: 0.2017
  Epoch 13/20
  1875/1875 [==============================] - 70s 37ms/step - loss: 0.1772 - mean_squared_error: 0.1772
  Epoch 14/20
  1875/1875 [==============================] - 70s 37ms/step - loss: 0.1219 - mean_squared_error: 0.1219
  Epoch 15/20
  1875/1875 [==============================] - 70s 37ms/step - loss: 0.1129 - mean_squared_error: 0.1129
  Epoch 16/20
  1875/1875 [==============================] - 70s 37ms/step - loss: 0.1014 - mean_squared_error: 0.1014
  Epoch 17/20
  1875/1875 [==============================] - 70s 37ms/step - loss: 0.0687 - mean_squared_error: 0.0687
  Epoch 18/20
  1875/1875 [==============================] - 70s 37ms/step - loss: 0.0418 - mean_squared_error: 0.0418
  Epoch 19/20
  1875/1875 [==============================] - 70s 37ms/step - loss: 0.0328 - mean_squared_error: 0.0328
  Epoch 20/20
  1875/1875 [==============================] - 70s 37ms/step - loss: 0.0253 - mean_squared_error: 0.0253
  INFO:tensorflow:Assets written to: ./image_regressor/best_model/assets

  313/313 [==============================] - 3s 10ms/step - loss: 0.0839 - mean_squared_error: 0.0839
  [0.08389939367771149, 0.08389939367771149]
```

그림 2.17 이미지 회귀 분류 모델 학습의 노트북 출력 결과

20분 후 나타나는 최상의 모델은 **평균 제곱 오차**^{MSE, Mean Square Error} 비율이 0.083으로 나쁘지 않다. MSE는 회귀 모델에서 성능을 측정하기 위해 널리 사용되는 측정 항목 이다.

발견한 가장 좋은 모델로 테스트 데이터셋의 처음 10개의 숫자를 예측하고 예측값과 실 젯값을 출력해 비교해보자. 다음 코드를 실행해 수행할 수 있다.

```
predicted_y = reg.predict(x_test[:10])
print(list(y_test[:10]))
print([round(float(i)) for i in predicted_y])
```

다음과 같은 결과가 출력된다.

```
[7, 2, 1, 0, 4, 1, 4, 8, 5, 9]
[7, 2, 1, 0, 4, 1, 4, 8, 5, 9]
```

보다시피 모든 경우에서 실젯값을 예측하고 있다. 다음 코드를 실행해 좀 더 그래픽적인 방식으로 살펴보자.

```
fig = plt.figure()
for i, v in enumerate(predicted_y):
    ax = fig.add_subplot(2, 5, i+1)
    ax.set_axis_off()
    ax.set_title(round(float(v)))
    plt.imshow(x_test[i])
plt.show()
```

그림 2.18과 같은 결과가 출력된다.

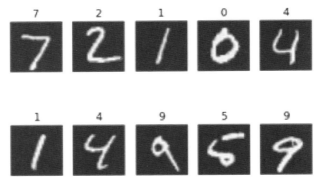

그림 2.18 예측값으로 레이블이 지정된 이미지 숫자

회귀 분류 모델이 반환한 부동소수점값을 반올림하여 실젯값과 비교했음을 주목하자. 이는 회귀 분류 모델이 항상 실젯값에 근접하는 연속값을 반환하기 때문이다. 따라서

이산값(0~9자리)을 예측하려면 예측값을 반환하기 위해 반올림을 해야 한다.

이제 분류 모델classifier로 했던 것처럼 가장 잘 생성된 모델의 아키텍처를 살펴본다.

모델 시각화

모델을 케라스 모델로 내보낸 후 다음과 같이 아키텍처를 확인하기 위해 `model.summary`를 호출한다.

```
model = reg.export_model()
model.summary()
```

그림 2.19와 같은 결과가 출력된다.

```
Model: "functional_1"

Layer (type)                     Output Shape         Param #    Connected to
=================================================================================
input_1 (InputLayer)             [(None, 28, 28)]     0

cast_to_float32 (CastToFloat32)  (None, 28, 28)       0          input_1[0][0]

expand_last_dim (ExpandLastDim)  (None, 28, 28, 1)    0          cast_to_float32[0][0]

resizing (Resizing)              (None, 32, 32, 1)    0          expand_last_dim[0][0]

concatenate (Concatenate)        (None, 32, 32, 3)    0          resizing[0][0]
                                                                 resizing[0][0]
                                                                 resizing[0][0]

resnet50 (Functional)            (None, 1, 1, 2048)   23587712   concatenate[0][0]

flatten (Flatten)                (None, 2048)         0          resnet50[0][0]

regression_head_1 (Dense)        (None, 1)            2049       flatten[0][0]
=================================================================================
Total params: 23,589,761
Trainable params: 23,536,641
Non-trainable params: 53,120
```

그림 2.19 이미지 회귀 모델 아키텍처 요약

다음과 같이 더 시각적으로 볼 수 있는 방법이 있다.

```
from tensorflow.keras.utils import plot_model
plot_model(reg.export_model())
```

그림 2.20과 같은 결과가 출력된다.

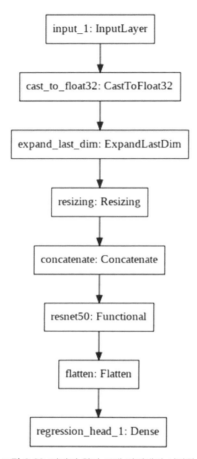

그림 2.20 이미지 회귀 모델 아키텍처 시각화

위의 분류 모델 예에서는 각 블록에 대한 간략한 설명을 보여준다. '시작하기' 장에서 설명하기에는 이 정도로 충분하다고 생각하기 때문에 여기서 더 깊이 들어가지는 않을 것이다. 앞으로 설명할 각 장에서 스크린샷에 나타나는 각 블록을 더 자세히 설명할 것이다.

⁛ 요약

2장에서는 다양한 환경에서 설치부터 실행에 이르기까지 오토케라스를 시작하기 위한 주요 옵션들을 배웠다.

또한 단 몇 줄의 코드와 2분 정도의 학습으로 높은 정밀도를 보여주는 이미지 분류 모델을 두 가지 접근 방식으로 구현해 오토케라스의 힘을 보여줬다.

DL 모델을 처음부터 구현하는 방법을 배웠으므로 동일한 단계에 따라 데이터셋을 변경하기만 하면 모델에서 모든 종류의 이미지를 분류할 수 있다.

이후의 장들에서는 입력 데이터 소스로 이미지, 구조화된 데이터 및 일반 텍스트를 사용하는 더 복잡한 작업을 해결하는 방법을 배우게 되지만, 그 전에 다음 장에서는 이 프로세스를 자동화하기 위해 흥미로운 도구 몇 가지를 사용해 오토케라스에 데이터 공급을 준비하는 방법을 알아본다.

03

오토케라스로 머신러닝 파이프라인 자동화하기

머신러닝 파이프라인 자동화는 **데이터 탐색, 데이터 전처리, 피처 엔지니어링, 알고리듬 선택, 모델 학습, 하이퍼파라미터 튜닝**과 같은 일련의 프로세스 자동화를 포함한다.

3장에서는 표준 머신러닝 파이프라인과 오토케라스로 그중 일부를 자동화하는 방법을 설명한다. 또한 모델을 학습시키기 전에 적용할 주요 데이터 준비에 대한 모범 사례를 설명한다. 사후 데이터 준비 단계는 오토케라스에서 수행하며, 이후의 장에서 자세히 살펴보겠다.

첫 장에서 봤듯이 오토케라스는 하이퍼파라미터 최적화와 **신경 아키텍처 검색**^{NAS, Neural Architecture Search}을 적용해 모든 파이프라인 모델링 단계를 자동화할 수 있지만, 이러한 단계 이전의 일부 데이터 전처리는 수작업 또는 다른 도구를 사용해 수행해야 한다.

오토케라스가 적용하는 기본 전처리 기술뿐만 아니라 우리의 모델이 기대하는 데이터 표현을 설명할 것이다. 3장의 끝에서는 생성한 모델을 적절하고 최적의 방식으로 공급하기 위한 주요 데이터 형식과 기술을 배우게 될 것이다.

3장에서 다루는 내용은 다음과 같다.

- 텐서 이해하기

- 딥러닝 모델을 제공하기 위한 데이터 준비

- 여러 형식으로 오토케라스에 데이터 로드

- 학습 및 평가를 위한 데이터셋 분할

기본적인 전처리 기술과 오토케라스 도우미를 사용해 이를 적용하는 방법을 살펴보겠지만, 우선 생성한 모델에서 어떤 종류의 데이터 구조가 예상되고 어떻게 나타내는지 설명한다.

텐서 이해하기

MNIST 예에서 숫자 이미지는 텐서^{tensor}라고도 하는 넘파이^{NumPy} 행렬에 저장된다. 이러한 텐서는 머신러닝 모델의 기본 데이터 구조다. 이제 모델이 어떻게 동작하는지 알았으니 텐서의 정의 및 다양한 유형을 더 깊이 이해해보자.

텐서란 무엇인가?

텐서는 기본적으로 숫자의 다차원 배열이며 일반적으로 N차원의 부동소수점 수(축이라고도 함)다.

텐서는 축 또는 순위의 수, 각 축 또는 모양의 차원, 포함된 데이터 유형의 세 가지 주요 속성으로 정의된다. 자세히 설명하면 다음과 같다.

- **순위(축 번호)**: 이것은 넘파이 명명법(ndim)에서 차원^{dimension}이라고도 한다. 예를 들어, 스칼라(단일 숫자)에는 축이 없고, 벡터(숫자 목록)에는 1개, 행렬(벡터 목록)에는 2개, 3D 텐서(행렬 목록)에는 3개가 있다. 실용적인 예를 살펴보자.

```
>>> import numpy as np
>>> x = np.array([[1, 2, 3], [4, 5, 6], [7, 8, 9], [10, 11, 12]])
>>> x.ndim
2
```

위의 코드 스니펫에서는 행렬을 만들고 순위(2)를 출력했다.

- **모양**(각 축 차원): 각 축의 차원이며 해당 배열 차원의 길이가 있는 튜플을 반환한다. 행렬의 경우, 다음 코드와 같이 첫 번째 항목은 행 수에 해당하고 두 번째 항목은 열 수에 해당한다.

```
>>> import numpy as np
>>> x = np.array([[1, 2, 3], [4, 5, 6], [7, 8, 9], [10, 11, 12]])
>>> x.shape
(4, 3)
```

이번에는 행렬을 만들고 그 모양(4행, 3열)을 출력했다.

- **데이터 유형**: 텐서에 포함된 데이터 유형은 일반적으로 부동소수점 수다. 컴퓨터가 이러한 유형의 데이터에 대해 좀 더 최적의 방식으로 작동하기 때문이다. 예를 들어, 다음 행렬에서 저장된 항목은 정수다.

```
>>> import numpy as np
>>> x = np.array([[1, 2, 3], [4, 5, 6], [7, 8, 9], [10, 11, 12]])
>>> x.dtype
dtype('int64')Here we have created a matrix and printed the type of its
items (int64)
```

텐서의 주요 속성을 설명했으므로 이제 사용할 수 있는 텐서 유형을 살펴보자.

텐서의 유형

차원에 따라 다음과 같이 텐서를 분류할 수 있다.

- **스칼라**scalar(N = 0): 하나의 숫자만 포함하는 텐서를 스칼라라고 한다. 스칼라를 생성해보자.

```
>>> import numpy as np
>>> t = np.array(123)
>>> t
array(123)
>>> v.ndim
0
```

스칼라를 생성하고 계수를 출력하면 값이 0임을 알 수 있다.

- **벡터**vector(N = 1): 1D 텐서는 벡터라고 한다. 다음 코드와 같이 1차원의 숫자 배열이다.

```
>>> x = np.array([1, 2, 3])
>>> xarray([1, 2, 3])
>>> x.ndim
1
```

여기서는 1차원 벡터를 만들고 순위를 출력했다.

- **행렬**matrix(N = 2): 2D 텐서는 행렬이라고 한다. 2차원의 벡터 배열이며, 두 축을 행row과 열column이라고 한다. 행렬을 숫자 그리드로 생각할 수 있다. 다음은 넘파이 행렬이다.

```
>>> x = np.array([[1, 2, 3], [4, 5, 6], [7, 8, 9]])
>>> x.ndim
2
```

행렬의 경우 반환되는 계수는 위의 코드와 같이 2다.

행은 첫 번째 축 항목이고 열은 두 번째 축 항목이므로 첫 번째 행은 [1, 2, 3]이고 첫 번째 열은 [1, 4, 7]이다.

- **3D 텐서**[3D tensor](N = 3): 3D 텐서는 행렬의 배열이다. 이 텐서는 일반적으로 3행렬 배열을 사용해 이미지를 나타내는 데 사용하며, 각 행렬은 픽셀의 색상(빨간색, 녹색 또는 파란색)을 나타낸다. 숫자로 채워진 큐브로 상상할 수 있다. 다음 코드를 사용해 생성해보자.

```
>>> x = np.array([[[1, 2, 3], [4, 5, 6], [7, 8, 9]], [[10, 11, 12],
[13, 14, 15], [16, 17, 18]], [[19, 20, 21], [22, 23, 24], [25, 26, 27]]])
>>> x.ndim
3
```

여기서 3D 텐서에 대해 반환된 순위가 3임을 알 수 있다.

- **4D 텐서**[4D tensor](N = 4): 4D 텐서는 3D 텐서의 배열이다. 이 복잡한 구조는 비디오를 저장하는 데 자주 사용되며, 기본적으로 프레임은 각 프레임이 3D 텐서로 표현되는 이미지다.

그림 3.1은 이러한 순위를 시각적으로 표현한 것이다.

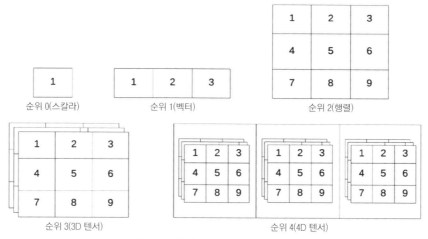

그림 3.1 순위가 다른 텐서의 시각적 표현

3D 텐서는 RGB 이미지 또는 프레임을 저장할 수 있는 반면, 4D 텐서는 비디오를 프레임 배열로 포함할 수 있다.

⫸ 딥러닝 모델을 제공하기 위한 데이터 준비

2장에서 오토케라스는 신경망을 학습 엔진으로 사용하는 딥러닝에 특화된 프레임워크라고 설명했다. 또한 입력 데이터로 손으로 쓴 숫자인 MNIST 데이터셋에 대한 엔드 투 엔드 분류/회귀 모델을 만드는 방법을 배웠다. 이 데이터셋은 이미 모델에서 사용하도록 전처리돼 있다. 즉, 모든 이미지에 동일한 속성(동일한 크기, 색상 등)이 있지만 항상 그런 것은 아니다.

텐서가 무엇인지 알게 되면 신경망에 데이터를 공급하는 방법을 배울 준비가 된 것이다. 대부분의 데이터 전처리 기술은 도메인에 따라 다르며, 구체적인 사례에서 사용해야 하는 경우에 대해서는 다음 장에서 설명할 것이다. 하지만 먼저 각 기술의 기초가 되는 몇 가지 기본 사항을 보여줄 것이다.

신경망 모델을 위한 데이터 전처리 작업

이 절에서는 원시 입력 데이터를 좀 더 적절한 형식으로 변환하는 데 사용할 수 있는 몇 가지 작업을 살펴보자. 이러한 작업들로 모델의 학습 성능을 향상하기 위해 신경망에 전처리한 데이터를 공급할 수 있다.

주요 데이터 전처리 작업으로는 피처 엔지니어링, 데이터 정규화, 데이터 벡터화, 결측 값 처리가 있다. 자세히 살펴보자.

- 피처 엔지니어링: 추출한 피처를 통해 모델의 성능을 향상하는 방식으로 전문가의 도메인 지식을 사용해 원시 데이터에서 피처를 추출하는 프로세스다.

  기존 머신러닝에서는 피처 엔지니어링이 중요하지만, 딥러닝에서는 신경망이 원시 입력 데이터에서 관련 피처를 자동으로 추출할 수 있기 때문에 피처 엔지니어링이 중요하지 않다. 그러나 큰 데이터셋이 없거나 입력 데이터가 구조화되어 있지 않거나 리소스가 제한된 경우와 같이 피처 엔지니어링이 여전히 중요한 경우가 있다. 이러한 경우 피처 엔지니어링은 목표를 달성하는 데 있어 중요한 단계다.

- **데이터 정규화**: 신경망은 일반적으로 0과 1 사이의 작은 입력값으로 더 잘 작동한다. 학습 알고리즘은 가중치 매개변수에 대한 그레이디언트 업데이트를 기반으로 하기 때문에 작은 숫자로 모델을 학습시키는 것이 더 쉽다. 값이 작을수록 업데이트 속도가 빨라져 프로세스 속도가 빨라지고 값이 클수록 속도가 느려진다. 일반적으로 데이터셋은 큰 값과 함께 제공되므로 모델에 통합하기 전에 0에서 1 사이의 범위로 변경하고 스케일링해야 한다. 이 기술을 정규화^{normalization}라고 한다. 오토케라스는 이미 데이터 정규화를 하고 있다. 앞의 숫자 분류 예에서 데이터셋은 0에서 255 사이의 정수로 인코딩된 이미지였다. 그러나 오토케라스가 자동으로 데이터 정규화를 수행했기 때문에 별도의 정규화 과정을 수행하지 않고 모델을 만들었다.

- **데이터 벡터화**: 이전에 설명했듯이 신경망은 텐서를 사용한다. 우리가 만든 모델에 텍스트, 이미지, 사운드 같은 소스를 제공할 때 각 소스는 벡터화라는 프로세스를 통해 텐서로 변환해야 한다. 이 프로세스는 원시 입력 데이터를 알고리듬에 더 적합한 부동소수점 수 벡터로 변환한다. 이전 장에서 보여준 MNIST 예제에서는 데이터셋이 이미 벡터화되어 있기 때문에 이 과정이 필요하지 않았다.

- **결측값 처리**: 데이터셋에는 결측값이 일부 레코드에 포함되는 경우가 있다. 모델은 이러한 불완전한 레코드를 어떻게 처리해야 하는가? 일반적으로 딥러닝 모델의 경우 0이 중요한 값이 아니라면 결측값을 0으로 초기화하는 것이 일반적인 방법이다. 신경망 모델은 0이 누락된 값을 의미한다는 사실을 알게 되면 매번 0을 무시할 것이다. 모델이 실세계에서 누락된 값에 노출됐을 때 누락된 값 없이 모델을 학습시켰다면 무시하는 법을 배우지 못한다는 점을 유의하는 것이 중요하다. 따라서 이 경우에 일반적인 방법은 누락된 값을 인위적으로 생성해 모델이 누락된 값을 처리하는 방법을 배우도록 하는 것이다.

이제 주요 데이터 구조와 변환 작업에 대해 배웠으므로 오토케라스에서 지원하는 데이터 형식과 원시 데이터를 더 적합한 형식으로 변환하는 데 필요한 유틸리티를 살펴보자.

여러 형식으로 오토케라스에 데이터 로드

앞서 언급했듯이 오토케라스는 자동으로 정규화를 수행한다. 그러나 이후의 장들에서는 블록을 쌓음으로써 좀 더 개인화된 방식으로 모델을 생성할 수 있음을 알게 될 것이다. 더 구체적으로 말하면, 특수 블록을 사용해 데이터를 정규화할 수 있다.

이제 모델을 제공하는 데 사용할 수 있는 다양한 데이터 구조를 살펴보자.

오토케라스 모델은 세 가지 유형의 입력을 허용한다.

- **넘파이 배열**^{NumPy array}은 **사이킷런**^{Scikit-Learn} 및 기타 많은 파이썬 기반 라이브러리에서 일반적으로 사용하는 배열이다. 데이터가 메모리에 들어간다면 항상 가장 빠른 옵션이다.

- **파이썬 제너레이터**^{Python generator}는 디스크에서 메모리로 데이터 배치를 로드하므로 전체 데이터셋을 메모리에 저장하기 어려울 때 사용하기 좋은 옵션이다.

- **텐서플로 데이터셋**^{TensorFlow Dataset}은 파이썬 제너레이터와 유사한 고성능 옵션이지만, 딥러닝 및 대규모 데이터셋에 가장 적합하다. 텐서플로 데이터셋은 데이터를 디스크 또는 분산 파일 시스템에서 스트리밍할 수 있기 때문이다.

오토케라스 모델에 데이터를 제공하기 위해 위의 세 가지 형식 중 하나로 데이터를 준비할 수 있다. 대규모 데이터셋으로 작업하고 **GPU**에서 학습해야 하는 경우 가장 좋은 선택은 **텐서플로 데이터셋** 객체를 사용하는 것이다. 텐서플로 데이터셋 객체는 다음과 같이 성능 및 다양도 면에서 많은 이점이 있기 때문이다.

- 비동기식 전처리 및 데이터 큐잉^{queuing}을 수행할 수 있다.

- GPU 메모리 데이터 사전 로드를 제공하므로 GPU가 이전 배치 처리를 완료한 후 사용할 수 있다.

- 변환 기본 요소를 제공하므로 새 변환된 데이터셋을 생성하는 데이터셋의 각 요소에 함수를 적용할 수 있다.

- 캐시가 메모리의 데이터셋에서 읽은 최신 배치를 유지 관리할 수 있다.

- 여러 소스(넘파이 배열, 파이썬 제너레이터, CSV 파일, 텍스트 파일, 폴더 등)에서 로드할 수 있다.

그림 3.2는 텐서플로 데이터셋 객체를 입력으로 사용할 수 있는 모든 다양한 데이터 소스를 보여준다.

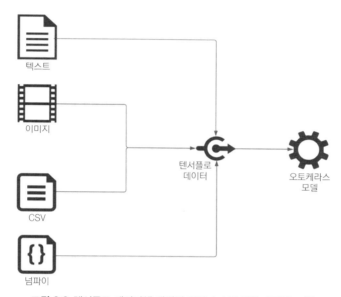

그림 3.2 텐서플로 데이터셋 객체의 입력 소스에 대한 시각적 표현

오토케라스에는 디스크의 원시 데이터를 텐서플로 데이터셋으로 변환하는 데 도움이 되는 매우 유용한 유틸리티가 있다.

- `autokeras.image_dataset_from_directory`는 특정 방식으로 디렉토리에 저장된 이미지 파일을 태그가 지정된 이미지 텐서 데이터셋으로 변환한다. 이미지 디렉토리를 처리하는 방법을 알아보자.

  다음 디렉토리는 잘 구성되어 있으므로 오토케라스에 제공할 수 있다. 각 이미지 클래스에 대한 하위 폴더가 있다.

```
main_directory/
...class_a/
......a_image_1.jpg
......a_image_2.jpg
...class_b/
......b_image_1.jpg
......b_image_2.jpg
```

이제 이미지 디렉토리에서 데이터셋을 생성하기 위해 이 폴더 경로를 오토케라스 함수에 전달해야 한다.

```
autokeras.image_dataset_from_directory(
    main_directory,
    batch_size=32,
    color_mode="rgb",
    image_size=(256, 256),
    interpolation="bilinear",
    shuffle=True,
    seed=None,
    validation_split=None,
    subset=None,
)
```

여러 매개변수가 있지만 폴더 경로(main_directory)에 대한 매개변수만 필숫값이다. 나머지 매개변수는 기본적으로 설정된다. 자세한 내용은 이후의 장들에서 더 자세히 설명할 것이다.

- autokeras.text_dataset_from_directory는 특정 방식으로 디렉토리에 저장된 텍스트 파일에서 텐서플로 데이터셋을 생성한다. 이전 이미지에서 봤듯이 모든 카테고리에 대한 하위 폴더를 만들어야 한다.

```
# 디렉토리 구조
main_directory/
...class_a/
......a_text_1.txt
......a_text_2.txt
...class_b/
......b_text_1.txt
```

```
......b_text_2.txt
# 텍스트 디렉터리로 데이터셋 생성
autokeras.text_dataset_from_directory(directory, batch_size=32,
max_length=None, shuffle=True, seed=None, validation_split=None,
subset=None)
```

이전에 언급했듯이 이미지의 경우 디렉터리만 필요하다. 나머지 매개변수는 초기화되지 않은 경우 기본값으로 설정된다. 이 내용은 이후의 장들에서 더 자세히 설명할 것이다.

또한 오토케라스는 autokeras.StructuredDataClassifier 및 autokeras.StructuredData Regressor를 사용해 파일 이름을 구조화된 데이터 모델에 매개변수로 직접 전달하여 CSV 파일로 작업할 수 있다. 어떤 종류의 데이터가 오토케라스에 가장 적합하고 전처리를 위해 어떤 유틸리티가 있는지 알았으므로, 모델을 적절하게 평가하고 테스트할 수 있도록 데이터셋을 나누는 방법을 배울 것이다.

⋮⋮· 학습 및 평가를 위한 데이터셋 분할

모델을 평가하려면 데이터셋을 학습 세트, 검증 세트, 테스트 세트의 세 가지 하위 집합으로 나눠야 한다. 학습 단계에서 오토케라스는 학습 데이터셋으로 모델을 학습시키고 검증 데이터셋을 사용해 성능을 평가한다. 준비가 되면 테스트 데이터셋을 사용해 최종 평가를 수행한다.

데이터셋을 분할해야 하는 이유

학습 중에 사용하지 않는 별도의 테스트 데이터셋을 갖는 것은 정보 유출을 방지하는 데 정말 중요하다.

앞서 언급했듯이 검증 세트는 모델의 성능을 기반으로 모델의 하이퍼파라미터를 튜닝하는 데 사용하지만 검증 데이터에 대한 일부 정보는 모델에 반영된다. 이로 인해 인위적으로 검증 데이터에서만 잘 동작하는 모델로 끝날 위험이 있다. 왜냐하면 모델의 학습을 위해 검증 데이터를 사용했기 때문이다. 그러나 모델의 실제 성능은 검증 데이터가 아닌 이전에 보지 못한 데이터를 사용하기 때문에 모델을 평가하기 위해 이전에 보지 못한 다른 데이터셋을 사용해야 한다. 이것을 테스트 데이터셋이라고 한다.

정보 유출을 방지하려면 모델이 테스트 세트에 대한 정보에 간접적으로라도 액세스한 적이 없어야 하는 것이 매우 중요하다. 이것이 별도의 테스트 데이터셋을 갖는 것이 중요한 이유다.

데이터셋을 분할하는 방법

이전 장의 MNIST 예제에서는 load_data 메서드가 데이터를 분할했기 때문에 데이터셋을 명시적으로 분할하지 않았다. 그러나 일반적인 데이터셋은 분할해야 하는 경우가 많다. 그림 3.3은 데이터셋 분할을 시각적으로 나타낸 것이다.

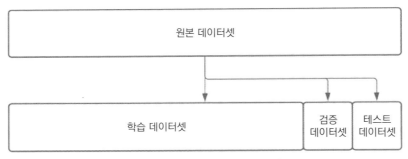

그림 3.3 데이터셋 분할의 시각적 표현

오토케라스가 모델을 학습시킬 때 기본적으로 검증을 위해 학습 세트의 20%를 할당하지만 fit 함수에서 validation_split 매개변수를 사용해 다른 비율을 지정할 수 있다. 다음 코드에서는 이 매개변수를 사용해 학습 데이터를 분할하고 마지막 15%를 검증 데이터로 사용한다.

```
reg.fit(x_train, y_train,validation_split=0.15)
```

수동으로 유효성 검사 데이터셋을 생성하고 split = 5000과 같이 validation_data 매개변수로 넘겨줄 수도 있다.

```
x_val = x_train[split:]
y_val = y_train[split:]
x_train = x_train[:split]
y_train = y_train[:split]
reg.fit(x_train,
        y_train,
        epochs=2,
        validation_data=(x_val, y_val))
```

데이터를 분할하기 위해 train_test_split 함수를 사용할 수도 있다.

```
X_train, X_test, y_train, y_test = train_test_split(X, y, test_size=0.20, ...)
```

이제 이 장에서 배운 내용을 요약해보자.

⸭ 요약

3장에서는 텐서, 네트워크의 주요 데이터 구조, 신경망의 몇 가지 데이터 전처리 작업, 오토케라스에서 지원하는 데이터 형식 및 데이터 전처리 유틸리티를 배웠다. 마지막으로, 데이터를 분할하는 방법을 배웠다. 이제 가장 적절한 방식으로 오토케라스 모델의 전원을 켤 준비가 됐다.

다음 장에서는 오토케라스가 이미지 데이터에 대해 어떻게 작동하는지 배울 것이다. 또한 이미지 데이터에서 특정 특성을 추출하는 데 사용할 수 있는 몇 가지 기술과 이를 적용하는 방법을 소개한다.

2부

오토케라스 활용

2부에서는 책에서 제공하는 많은 코드 예제 설명에 집중하며, 오토케라스로 자동화된 딥러닝을 사용해 실제 문제를 해결하는 방법에 대한 실용적인 통찰력을 제공한다.

2부의 구성은 다음과 같다.

- **4장** 오토케라스를 사용한 이미지 분류 및 회귀

- **5장** 오토케라스를 사용한 텍스트 분류 및 회귀

- **6장** 오토케라스를 사용한 구조화된 데이터 작업

- **7장** 오토케라스를 사용한 감정 분석

- **8장** 오토케라스를 사용한 주제 분류

04

오토케라스를 사용한
이미지 분류 및 회귀

4장에서는 이미지 처리를 위해 오토케라스를 사용하는 것을 중점적으로 설명한다. 2장 '오토케라스 시작하기'에서 **딥러닝**DL, Deep Learning을 처음 접했다.

손으로 쓴 숫자를 인식하는 두 가지 모델(분류 및 회귀)을 만들어 이미지에 적용했다. 이 제 더 복잡하고 강력한 이미지 인식기를 만들어 작동 방식을 살펴보고 성능을 개선하기 위해 파인튜닝하는 방법을 알아보자.

4장을 읽고 나면 자신만의 이미지 모델을 만들고 적용해 실제 세계의 다양한 문제를 해 결할 수 있다.

2장 '오토케라스 시작하기'에서 논의한 바와 같이 이미지 인식에 가장 적합한 모델은 **CNN**Convolutional Neural Network이라는 일종의 신경망을 사용한다. 이 장에서 살펴볼 두 가 지 예에서 오토케라스도 모델 생성을 위해 CNN을 선택할 것이다. 따라서 CNN이 무엇 이며 어떻게 작동하는지 좀 더 자세히 살펴보자.

4장에서 다루는 내용은 다음과 같다.

- CNN 이해하기: CNN이라는 신경망은 무엇이며 어떻게 작동하는가?

- CIFAR-10 이미지 분류 모델 만들기

- 강력한 이미지 분류 모델 생성 및 파인튜닝

- 사람의 나이를 알아내는 이미지 회귀 분석기 만들기

- 강력한 이미지 회귀 분석기 생성 및 파인튜닝

⠿ 기술 요구사항

이 책의 모든 코딩 예제는 https://github.com/PacktPublishing/Automated-Machine-Learning-with-AutoKeras에서 다운로드할 수 있는 주피터 노트북으로 사용할 수 있다.

코드 셀을 실행할 수 있으므로 원하는 코드 스니펫을 추가해 각 노트북을 사용할 수 있다. 이러한 이유로 각 노트북의 시작 부분에는 오토케라스와 종속성을 설치하는 환경 설정을 위한 코드 셀이 있다.

코딩 예제를 실행하려면 운영체제로 우분투/리눅스가 있는 컴퓨터가 필요하며, 다음 명령줄을 사용해 주피터 노트북을 설치할 수 있다.

```
$ apt-get install python3-pip jupyter-notebook
```

또는 구글 코랩을 사용해 노트북 파일을 실행할 수도 있다. 이 경우 웹 브라우저만 있으면 된다. 자세한 내용은 2장의 '구글 코랩에서 오토케라스 사용하기' 절을 참고하라. 또한 '오토케라스 설치' 절에서 그 밖의 설치 옵션도 찾을 수 있다. CNN을 자세히 이해하는 것부터 시작해보자.

::: CNN 이해하기

CNN은 생물학적 뇌의 시각 피질에 있는 뉴런의 기능에서 영감을 받은 일종의 신경망이다.

이러한 유형의 네트워크는 이미지 분류, 객체 감지, 분할 등과 같은 컴퓨터 비전 문제를 해결하는 데 매우 효과적이다.

그림 4.1의 스크린샷은 CNN이 고양이를 인식하는 방법을 보여준다.

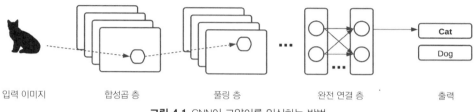

입력 이미지   합성곱 층   풀링 층   완전 연결 층   출력

그림 4.1 CNN이 고양이를 인식하는 방법

그러나 이러한 CNN이 고전적인 완전 연결 모델과 비교하여 왜 그렇게 잘 작동하는가? 이에 대한 답을 얻기 위해 합성곱 층$^{convolutional\ layer}$과 풀링 층$^{pooling\ layer}$이 하는 일을 알아보자.

합성곱 층

CNN의 핵심 빌딩 블록은 윈도(커널^{kernel})를 사용해 이미지를 스캔하고 패턴을 감지하기 위해 변환을 수행하는 합성곱 층이다.

커널은 필터로 사용할 숫자 벡터를 출력하는 스캔된 윈도의 픽셀 행렬에 의해 공급되는 단순한 신경망에 불과하다.

이미지를 통과하고 패턴을 찾는 많은 작은 정사각형 템플릿(커널이라고 함)이 있는 합성곱 층을 상상해보자. 입력 이미지의 제곱이 커널 패턴과 일치하면 커널은 양숫값을 반환한다. 그렇지 않으면 0 이하의 값을 반환한다.

그림 4.2의 스크린샷은 합성곱 층이 이미지를 처리하는 방법을 보여준다.

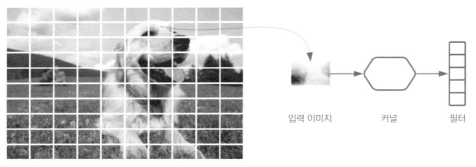

그림 4.2 합성곱 층이 이미지를 처리하는 방법

입력 이미지   커널   필터

필터가 있으면 풀링 작업을 사용해 차원을 줄여야 한다. 이에 대해서는 다음에 설명한다.

풀링 층

풀링 층의 기능은 입력 피처 행렬의 크기를 점진적으로 줄여 네트워크의 매개변수 및 계산 수를 줄이는 것이다. 풀링의 가장 일반적인 형태는 최대 풀링^{max pooling}으로, 입력 피처 행렬의 겹치지 않는 하위 영역에 최대 필터를 적용해 다운스케일링을 하는 것이다.

그림 4.3의 스크린샷은 최대 풀링의 예다.

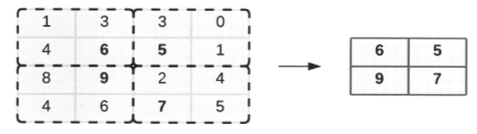

그림 4.3 최대 풀링의 예

위의 스크린샷에서는 피처 행렬의 최대 풀링 작업의 예를 볼 수 있다. 이미지의 경우 이 행렬은 이미지의 픽셀값으로 구성된다.

풀링 연산을 적용하면 처리할 피처의 수를 줄여 계산 비용을 줄이고 과적합을 방지하는데 도움이 된다. 다음으로 CNN에서 합성곱 층과 풀링 층이 어떻게 결합되어 있는지 알아보자.

CNN 구조

일반적으로 CNN은 일련의 합성곱 층과 풀링 층(다운스케일링)으로 구성된다. 그림 4.4의 스크린샷 예제에서 볼 수 있듯이 이 조합은 여러 번 반복된다.

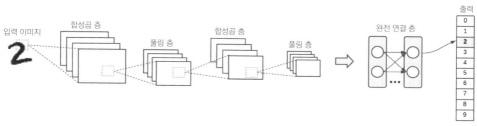

그림 4.4 CNN 파이프라인의 예

이 과정에서 첫 번째 층은 이미지의 윤곽과 같은 단순한 피처를 감지하고, 두 번째 층은 상위 수준의 피처를 감지하기 시작한다. 중간 층에서는 이미 코나 눈 같은 더 복잡한 모양을 감지할 수 있다. 최종 층에서는 일반적으로 사람의 얼굴을 구별할 수 있다.

이 단순해 보이는 반복 과정은 매우 강력하여 각 단계에서 이전 단계보다 약간 높은 차수의 피처를 감지하고 놀라운 예측을 만들어낸다.

기존 신경망 넘어서기

기존 신경망은 주요 피처 변환 작업으로 완전 연결(밀집된) 층을 사용하는 반면, CNN은 합성곱 및 풀링 층(Conv2D)을 사용한다.

완전 연결 층과 합성곱 층의 주요 차이점은 다음과 같다.

- 완전 연결 층은 입력 피처 공간에서 전역 패턴을 학습한다(예: 2장 '오토케라스 시작하기' 의 예제에서 볼 수 있는 MNIST^{Modified National Institute of Standards and Technology} 데이터셋의 숫자에서 입력 피처 공간은 이미지의 모든 픽셀이 된다).

- 반면에, 합성곱 층은 로컬 패턴을 학습한다. 이미지의 경우 이미지를 통과하는 작은 2차원 윈도에서 발견되는 패턴이다.

그림 4.5의 스크린샷에서 작은 윈도가 선, 가장자리 등과 같은 로컬 패턴을 감지하는 방법을 볼 수 있다.

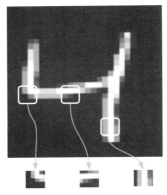

그림 4.5 합성곱 네트워크에 의한 패턴 추출의 시각적 표현

합성곱 연산은 입력 이미지를 스캔하는 윈도(2D 행렬)를 통해 변환하여 다른 피처를 가진 새 이미지를 생성한다. 이렇게 생성된 각 이미지를 **필터**^{filter}라고 하며, 각 필터는 원본 이미지(가장자리, 축, 직선 등)에서 추출한 다양한 패턴을 포함한다.

CNN의 각 중간 층에서 생성된 필터 세트는 $r \times c \times n$차원의 행렬인 피처 맵^{feature map} 이라고 한다. r과 c는 행과 열이고 n은 필터 수다.

기본적으로 이러한 피처 맵은 CNN이 학습하는 매개변수다.

2장 '오토케라스 시작하기'에서 **MNIST** 분류 모델의 아키텍처에서 이미 봤듯이 CNN 은 풀링 층(MaxPooling2D)과 결합된 여러 합성곱 층(Conv2D)을 쌓는다. 이후의 작업은 가장 관련성이 높은 값을 유지하면서 필터의 크기를 줄이는 것이다. 필터의 크기를 줄이면 노이즈를 제거하고 모델에 대한 학습 시간을 줄일 수 있다.

이제 몇 가지 실용적인 예제를 구현할 차례다. 잘 알려진 데이터셋에 대한 이미지 분류부터 시작하자.

CIFAR-10 이미지 분류 모델 만들기

우리가 만들 모델은 **CIFAR-10**^{Canadian Institute for Advanced Research, 10 classes}이라는 데이터셋의 이미지를 분류한다. 이 데이터셋에는 10개의 클래스로 분류된 60,000개의 32×32 **빨강, 녹색, 파랑**^{RGB, Red, Green, Blue} 색상의 이미지가 포함된다. 머신러닝 및 컴퓨터 비전 알고리듬을 학습하는 데 일반적으로 사용하는 이미지 모음이다.

데이터셋의 클래스는 다음과 같다.

- 비행기

- 자동차

- 새

- 고양이

- 사슴

- 개

- 개구리

- 말

- 배

- 트럭

그림 4.6의 스크린샷에서는 CIFAR-10 데이터셋에서 찾은 임의의 이미지 샘플을 볼 수 있다.

그림 4.6 CIFAR-10 이미지 샘플

이 이미지들을 분류하는 문제는 이미 해결된 것으로 간주한다. 80%에 가까운 분류 정확도를 달성하는 것은 비교적 쉽다. 더 나은 성능을 위해 테스트 데이터셋에서 90% 이상의 분류 정밀도를 달성할 수 있는 딥러닝 CNN을 사용해야 한다. 오토케라스로 구현하는 방법을 살펴보자.

분류 작업이므로 ImageClassifier 클래스를 사용할 수 있다. 이 클래스는 다양한 모델과 하이퍼파라미터를 생성 및 테스트하여 각 이미지를 해당 클래스로 분류하는 최적의 분류 모델을 반환한다.

참고사항

전체 소스 코드가 포함된 노트북은 https://github.com/PacktPublishing/Automated-Machine-Learning-with-AutoKeras/blob/main/Chapter04/Chapter4_Cifar10.ipynb에서 찾을 수 있다.

이제 노트북에서 관련 셀을 자세히 살펴보자.

- **오토케라스 설치**: 노트북 상단의 스니펫은 pip 패키지 관리자를 사용해 오토케라스 및 종속성을 설치하는 역할을 한다.

```
!pip3 install autokeras
```

- **필요한 패키지 가져오기**: 오토케라스와 일부 숫자 표현을 플로팅하는 데 사용할 파이썬 플로팅 라이브러리인 matplotlib 및 범주화된 이미지 데이터셋을 포함하는 CIFAR-10과 같은 패키지를 로드한다. 패키지를 가져오는 코드는 다음과 같다.

```
import autokeras as ak
import matplotlib.pyplot as plt
from tensorflow.keras.datasets import cifar10
```

- **CIFAR-10 데이터셋 가져오기**: 먼저 CIFAR-10 데이터셋을 메모리에 로드하고 다음과 같이 데이터셋 모양을 빠르게 살펴봐야 한다.

```
(x_train, y_train), (x_test, y_test) = cifar10.load_data()
print(x_train.shape)
print(x_test.shape)
```

다음은 위 코드의 출력 결과다.

```
Downloading data from https://www.cs.toronto.edu/~kriz/
cifar-10-python.tar.gz
170500096/170498071 [==============================] - 11s 0us/step
(50000, 32, 32, 3)
(10000, 32, 32, 3)
```

잘 알려진 머신러닝 데이터셋이지만, 예상 밖의 상황을 피하기 위해 데이터를 고르게 분포시키는 것이 항상 중요하다. 다음 코드 블록과 같이 넘파이 함수를 사용해 쉽게 확인할 수 있다.

```python
import numpy as np

train_histogram = np.histogram(y_train)
test_histogram = np.histogram(y_test)
_, axs = plt.subplots(1, 2)
axs[0].set_xticks(range(10))
axs[0].bar(range(10), train_histogram[0])
axs[0].set_title('학습 데이터셋 히스토그램')
axs[1].set_xticks(range(10))
axs[1].bar(range(10), test_histogram[0])
axs[1].set_title('테스트 데이터셋 히스토그램 ')
plt.show()
```

그림 4.7의 스크린샷에서 볼 수 있듯이 샘플은 완벽하게 균형을 이룬다.

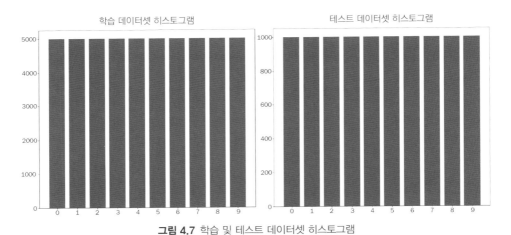

그림 4.7 학습 및 테스트 데이터셋 히스토그램

이제 데이터셋이 올바른지 확인했으므로 이미지 분류 모델을 만들 차례다.

강력한 이미지 분류 모델 생성 및 파인튜닝

이제 오토케라스 ImageClassifier 클래스를 사용해 최상의 분류 모델을 찾는다. 이 작은 예를 위해 max_trials(시도할 다른 케라스 모델의 최대 수)를 2로 설정하고 epochs 매개변수를 설정하지 않고 에포크 수를 자동으로 사용한다. 실제 상황에서는 많은 시도 횟수를 설정하는 것이 좋다. 코드는 다음과 같다.

```
clf = ak.ImageClassifier(max_trials=2)
```

다음과 같이 CIFAR-10 학습 데이터셋에 대한 최적의 분류 모델을 검색하도록 학습을 실행해보자.

```
clf.fit(x_train, y_train)
```

출력 결과는 그림 4.8과 같다.

```
Search: Running Trial #1

Hyperparameter    |Value      |Best Value So Far
image_block_1/b...|vanilla    |?
image_block_1/n...|True       |?
image_block_1/a...|False      |?
image_block_1/c...|3          |?
image_block_1/c...|1          |?
image_block_1/c...|2          |?
image_block_1/c...|True       |?
image_block_1/c...|False      |?
image_block_1/c...|0.25       |?
image_block_1/c...|32         |?
image_block_1/c...|64         |?
classification_...|flatten    |?
classification_...|0.5        |?
optimizer         |adam       |?
learning_rate     |0.001      |?

Epoch 1/1000
1251/1251 [==============================] - 39s 6ms/step - loss: 1.6164 - accuracy: 0.4235 - val_loss: 1.1926 - val_accuracy: 0.5834
Epoch 2/1000
1251/1251 [==============================] - 6s 5ms/step - loss: 1.1223 - accuracy: 0.6066 - val_loss: 1.0341 - val_accuracy: 0.6433
Epoch 3/1000
1251/1251 [==============================] - 6s 5ms/step - loss: 1.0041 - accuracy: 0.6472 - val_loss: 0.9949 - val_accuracy: 0.6542
Epoch 4/1000
1251/1251 [==============================] - 6s 5ms/step - loss: 0.9318 - accuracy: 0.6757 - val_loss: 0.9222 - val_accuracy: 0.6810
Epoch 5/1000
1251/1251 [==============================] - 6s 5ms/step - loss: 0.8880 - accuracy: 0.6893 - val_loss: 0.9156 - val_accuracy: 0.6850
Epoch 6/1000
1251/1251 [==============================] - 6s 5ms/step - loss: 0.8350 - accuracy: 0.7073 - val_loss: 0.8844 - val_accuracy: 0.6982
Epoch 7/1000
1251/1251 [==============================] - 6s 5ms/step - loss: 0.8072 - accuracy: 0.7150 - val_loss: 0.8769 - val_accuracy: 0.6987
Epoch 8/1000
1251/1251 [==============================] - 6s 5ms/step - loss: 0.7830 - accuracy: 0.7216 - val_loss: 0.8849 - val_accuracy: 0.6961
Epoch 9/1000
1251/1251 [==============================] - 6s 5ms/step - loss: 0.7590 - accuracy: 0.7340 - val_loss: 0.8696 - val_accuracy: 0.7005
Epoch 10/1000
1251/1251 [==============================] - 6s 5ms/step - loss: 0.7502 - accuracy: 0.7379 - val_loss: 0.8860 - val_accuracy: 0.7050
Epoch 11/1000
1251/1251 [==============================] - 6s 5ms/step - loss: 0.7183 - accuracy: 0.7447 - val_loss: 0.8559 - val_accuracy: 0.7102
Epoch 12/1000
 703/1251 [==============>..............] - ETA: 2s - loss: 0.7063 - accuracy: 0.7513
```

그림 4.8 이미지 분류 모델 학습의 노트북 출력 결과

이 출력 결과는 학습 데이터셋의 정확도가 증가하고 있음을 보여준다.

수천 개의 컬러 이미지를 처리해야 하기 때문에 오토케라스가 생성할 모델은 학습 비용이 더 많이 들어서 이 프로세스는 **GPU**(그래픽 처리 장치)를 사용하더라도 몇 시간이 걸린다. 다섯 가지 아키텍처(max_trials= 5)를 찾아보는 것으로 제한했다. 최대 시도 숫자를 늘리면 완료하는 데 시간이 더 오래 걸리더라도 더 정확한 모델을 얻을 수 있다.

모델 성능 향상

더 짧은 시간에 더 많은 정밀도가 필요한 경우 검색 공간을 사용자가 지정할 수 있는 고급 오토케라스 기능을 사용해 모델을 파인튜닝할 수 있다.

ImageClassifier 대신 ImageBlock과 함께 AutoModel을 사용해 찾고자 하는 신경망 유형에 대한 block_type과 같은 높은 수준의 구성을 만들 수 있다. 데이터 정규화 또는 데이터 보강을 할 수도 있다.

딥러닝에 대한 지식이 있고 이전에 이 문제를 경험했었다면 에피션트넷^{EfficientNet} 기반 이미지 분류 모델과 같은 적절한 아키텍처를 설계할 수 있다. 이 아키텍처는 이미지 인식을 위한 딥 잔차 학습^{deep residual learning} 아키텍처다.

자세한 내용은 다음 예를 참고하라.

```
input_node = ak.ImageInput()
output_node = ak.ImageBlock(
            block_type="efficient",
            augment=False)(input_node)
output_node = ak.ClassificationHead()(output_node)
clf = ak.AutoModel(inputs=input_node, outputs=output_node, max_trials=2)
clf.fit(x_train, y_train)
```

이 코드 블록에서 아래 설정을 수행했다.

- block_type = "efficient" 설정을 하면 오토케라스는 에피션트넷 아키텍처만 탐색할 것이다.

- augment = True로 초기화하면 원본에서 새로운 인공 이미지를 만드는 기술인 데이터 증강을 수행하는 것을 의미한다. 오토케라스가 활성화되면 원본 이미지에서 변환, 확대/축소, 회전 또는 뒤집기와 같은 변환을 한다.

또한 변환과 관련된 인수를 지정할 수 없다. 이러한 다양한 옵션이 자동으로 조정된다.

에피션트넷 기능에 대한 자세한 내용은 다음 링크에서 확인할 수 있다.

- https://keras.io/api/applications/efficientnet/
- https://keras.io/api/applications/resnet/

테스트 세트로 모델 평가

학습이 끝나면 예약된 테스트 데이터셋을 사용해 모델의 실제 예측을 측정할 차례다. 이러한 방식으로 학습 세트에서 얻은 좋은 결과를 이전에 본 적이 없는 데이터셋과 대조할 수 있다. 이를 위해 다음 코드를 실행한다.

```
metrics = clf.evaluate(x_test, y_test)
print(metrics)
```

출력 결과는 다음과 같다.

```
313/313 [==============================] - 34s 104ms/step - loss: 0.5260 -
accuracy: 0.8445
[0.525996744632721, 0.8445000052452087]
```

테스트 데이터셋을 사용해 예측 정확도(84.4%)가 향상될 여지가 있음을 알 수 있다. 단 몇 시간의 학습에 비하면 꽤 괜찮은 점수다. 추가로 구글 코랩에서 하루 동안 시험 시도를 늘리기만 해서 첫 번째 모델(ImageClassifier)에 대한 학습으로 98%의 정밀도를 달성했다.

분류 모델을 만들고 학습시키면 테스트 샘플의 하위 집합에서 어떻게 예측하는지 보자. 이를 위해 다음 코드를 실행한다.

```
import matplotlib.pyplot as plt
predicted_y = clf.predict(x_test[:10]).argmax(axis=1)
labelNames = ["airplane", "automobile", "bird", "cat", "deer", "dog",
"frog", "horse", "ship", "truck"]
fig = plt.figure(figsize=[18,6])
for i in range(len(predicted_y)):
    ax = fig.add_subplot(2, 5, i+1)
    ax.set_axis_off()
    ax.set_title('Prediced: %s, Real: %s' %
(labelNames[int(predicted_y[i])],labelNames[int(y_test[i])]))
    img = x_test[i]
    ax.imshow(img)
plt.show()
```

출력 결과는 그림 4.9와 같다.

그림 4.9 예측 및 실제 레이블이 있는 샘플

예측된 모든 샘플이 실젯값과 일치하므로 분류 모델이 올바르게 예측했음을 알 수 있다. 이제 분류 모델이 어떻게 작동하는지 이해하기 위해 분류 모델 내부를 살펴보자.

모델 시각화

가장 잘 생성된 모델(정확도 98%의 모델)의 아키텍처에 대한 간략한 요약을 볼 수 있으며 성능이 좋은 이유를 설명한다. 요약을 보려면 다음 코드를 실행하면 된다.

```
model = clf.export_model()
model.summary()
```

출력 결과는 그림 4.10과 같다.

```
Layer (type)                    Output Shape              Param #
=================================================================
input_1 (InputLayer)            [(None, 32, 32, 3)]       0

cast_to_float32 (CastToFloat    (None, 32, 32, 3)         0

normalization (Normalization    (None, 32, 32, 3)         7

random_translation (RandomTr    (None, 32, 32, 3)         0

random_flip (RandomFlip)        (None, 32, 32, 3)         0

resizing (Resizing)             (None, 224, 224, 3)       0

efficientnetb7 (Functional)     (None, None, None, 2560)  64097687

global_average_pooling2d (Gl    (None, 2560)              0

dense (Dense)                   (None, 10)                25610

classification_head_1 (Softm    (None, 10)                0
=================================================================
Total params: 64,123,304
Trainable params: 63,812,570
Non-trainable params: 310,734
```

그림 4.10 최상의 모델 아키텍처 요약

여기서 핵심 층은 구글에서 만든 최첨단 아키텍처를 구현하는 efficientnetb7 층이다. 오늘날 에피션트넷 모델은 이미지 분류에 가장 적합한 선택이다. 정확도를 향상할 뿐만 아니라 모델의 효율성을 향상해 기존의 합성곱 네트워크 기반 아키텍처에 비해 더 높은 정밀도와 효율성을 달성하고 매개변수 크기와 **초당 부동소수점 연산**FLOPS, floating-point operations per second을 한 자릿수로 줄인다. 그러나 오토케라스가 자동으로 선택했기 때문에 아키텍처에 대해 아무것도 알 필요가 없다.

그림 4.11과 같이 더 시각적인 방법으로 블록이 서로 연결되는 방법을 살펴보자.

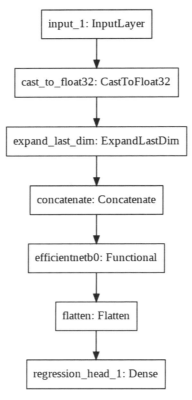

그림 4.11 최상의 모델 아키텍처 시각화

2장 '오토케라스 시작하기'에서 설명했듯이 각 블록은 계층을 나타내며, 첫 번째 블록(입력이 이미지)과 마지막 블록(출력이 예측)을 제외한 각 블록의 출력은 다음 블록의 입력에 연결된다. efficientnetb7 층 이전의 블록은 모두 데이터 전처리 블록이며, 이 에피션트 넷 블록에 적합한 형식으로 이미지를 조정하고 데이터 증강 기술을 통해 추가 이미지를 생성하는 역할을 한다.

이제 분류되지 않는 문제를 해결할 때다. 다음 실제 예에서는 유명인 데이터셋을 기반으로 하는 인간 연령 예측기를 만들 것이다.

사람의 나이를 알아내는 이미지 회귀 분석기 만들기

이 절에서는 얼굴 이미지에서 사람의 나이를 알아내는 모델을 만든다. 이를 위해 **IMDb**Internet Movie Database의 유명인 이미지에서 추출한 얼굴 데이터셋을 사용해 모델을 학습시킨다.

나이를 추정하기 위해 이 작업에 이미지 회귀 분석기를 사용할 것이다.

그림 4.12의 스크린샷에서는 유명인 얼굴 데이터셋에서 가져온 몇 가지 샘플을 볼 수 있다.

그림 4.12 IMDb 얼굴 데이터셋의 몇 가지 이미지 샘플

전체 소스 코드가 포함된 이 노트북은 https://github.com/PacktPublishing/ Automated-Machine-Learning-with-AutoKeras/blob/main/Chapter04/ Chapter4_CelebrityAgeDetector.ipynb에서 찾을 수 있다.

이제 노트북의 관련 코드 셀을 다음과 같이 자세히 설명하겠다.

- **오토케라스 설치**: 이전 예제와 마찬가지로 노트북 상단의 첫 번째 코드 셀은 pip 패키지 관리자를 사용해 오토케라스 및 종속성을 설치한다. 코드는 다음과 같다.

```
!pip3 install autokeras
```

- **필요한 패키지 가져오기**: 이제 오토케라스와 일부 그림 샘플 및 범주 분포를 그래프로 표현하는 데 사용할 파이썬 플로팅 라이브러리인 matplotlib와 같이 사용하는 일부 패키지를 로드한다. 이를 수행하는 코드는 다음과 같다.

```
import autokeras as ak
import matplotlib.pyplot as plt
```

- **IMDb 얼굴 데이터셋 가져오기**: 학습 전에 각 얼굴의 이미지와 연령 태그가 있는 메타데이터가 포함된 IMDb의 얼굴 부분만 잘라낸 데이터셋을 다운로드해야 한다.

  다음 명령으로 데이터가 아직 존재하지 않는 경우에만 데이터를 다운로드하고 추출한다.

```
!wget -nc https://data.vision.ee.ethz.ch/cvl/rrothe/imdb-wiki/static/
imdb_crop.tar
!tar --no-overwrite-dir -xf imdb_crop.tar
```

  다음은 위 코드의 출력 결과다.

```
Resolving data.vision.ee.ethz.ch (data.vision.ee.ethz.ch)...
129.132.52.178, 2001:67c:10ec:36c2::178
Connecting to data.vision.ee.ethz.ch (data.vision.ee.ethz.ch)|
129.132.52.178|:443... connected.
HTTP request sent, awaiting response... 200 OK
Length: 7012157440 (6.5G) [application/x-tar]
Saving to: 'imdb_crop.tar'

imdb_crop.tar        100%[===================>]   6.53G  19.5MB/s
in 5m 44s

2021-01-18 19:43:07 (19.4 MB/s) - 'imdb_crop.tar' saved
[7012157440/7012157440]
```

- **데이터셋 전처리**: 얼굴 데이터셋을 모델에 제공하기 전에 다음과 같이 해결해야 할 몇 가지 문제가 있다.

a. 메타데이터 매개변수는 MatLab 파일에 있다.

b. 나이는 매개변수에 있는 것이 아니라 계산해야 한다.

c. 이미지는 균일하지 않으며 크기와 색상이 다르다.

이러한 문제를 해결하기 위해 다음 유틸리티 함수를 만들었다.

a. `imdb_meta_to_df(matlab_filename)`: IMDb MatLab 파일을 판다스 데이터프레임 Pandas DataFrame으로 변환하고 나이를 계산한다.

b. `normalize_dataset(df_train_set)`: 정규화된 이미지(128×128로 크기 조정 및 회색조로 변환) 및 정수로 변환된 연령의 튜플을 반환한다.

위에서 설명한 함수가 작동하는 방식은 노트북 파일에서 자세히 확인할 수 있다.

이제 다음과 같이 사용하는 방법을 살펴보자.

```
df = imdb_meta_to_df("imdb_crop/imdb.mat")
```

이전 코드 스니펫에서 `imdb_meta_to_df` 함수[1]를 사용해 MatLab 파일에 저장된 `imdb` 메타데이터 정보를 판다스 데이터프레임으로 전송한다.

데이터프레임에는 많은 이미지가 포함되어 있다. 학습을 더 빠르게 하기 위해 다음과 같이 데이터셋의 일부만 사용해 데이터셋을 생성한다.

```
train_set = df.sample(10000)
test_set = df.sample(1000)
```

이제 다음과 같이 정규화된 이미지와 연령으로 최종 데이터셋을 생성한다.

```
train_imgs, train_ages = normalize_dataset(train_set)
test_imgs, test_ages = normalize_dataset(test_set)
```

---

1 `imdb_meta_to_df` 함수는 깃허브에서 내려받은 노트북 파일에서 확인할 수 있다. – 옮긴이

모든 이미지가 같은 크기(128×128)와 같은 색상(회색조)이고 레이블과 예상 연령이 있으면 모델에 데이터를 공급할 준비가 됐지만 먼저 모델을 만들어야 한다.

강력한 이미지 회귀 분석기 생성 및 파인튜닝

예측해야 할 나이는 스칼라값이므로 오토케라스의 ImageRegressor를 나이 예측기로 사용할 것이다. max_trials(시도할 다른 케라스 모델의 최대 수)를 10으로 설정하고 epochs 매개변수를 설정하지 않고 에포크 수를 자동으로 사용한다. 실제 사용을 위해서는 많은 시도 횟수를 설정하는 것이 좋다. 코드는 다음과 같다.

```
reg = ak.ImageRegressor(max_trials=10)
```

다음과 같이 학습 데이터셋에 대한 최적의 회귀 모델을 검색하기 위해 학습 모델을 실행해보자.

```
reg.fit(train_imgs, train_ages)
```

그림 4.13은 위 코드의 출력 결과다.

```
Search: Running Trial #1

Hyperparameter    |Value             |Best Value So Far
image_block_1/n...|False             |?
image_block_1/a...|False             |?
image_block_1/b...|resnet            |?
image_block_1/r...|False             |?
image_block_1/r...|resnet50          |?
image_block_1/r...|False             |?
regression_head...|0                 |?
optimizer         |adam              |?
learning_rate     |0.1               |?

Epoch 1/10
500/500 [==============================] - 110s 143ms/step - loss: 182548.5468 - mean_squared_error: 182548.5468 - val_loss: 1072.9189 - val_mean_squared_error: 1072.9189
Epoch 2/10
500/500 [==============================] - 69s 138ms/step - loss: 180.0426 - mean_squared_error: 180.0426 - val_loss: 330.8058 - val_mean_squared_error: 330.8058
Epoch 3/10
500/500 [==============================] - 70s 140ms/step - loss: 177.8204 - mean_squared_error: 177.8204 - val_loss: 263.8164 - val_mean_squared_error: 263.8164
Epoch 4/10
500/500 [==============================] - 70s 140ms/step - loss: 176.9654 - mean_squared_error: 176.9654 - val_loss: 251.0037 - val_mean_squared_error: 251.0037
Epoch 5/10
500/500 [==============================] - 70s 140ms/step - loss: 175.8862 - mean_squared_error: 175.8862 - val_loss: 191.7437 - val_mean_squared_error: 191.7437
Epoch 6/10
500/500 [==============================] - 70s 140ms/step - loss: 176.4239 - mean_squared_error: 176.4239 - val_loss: 182.2056 - val_mean_squared_error: 182.2056
Epoch 7/10
206/500 [===========>..................] - ETA: 37s - loss: 176.8564 - mean_squared_error: 176.8564
```

그림 4.13 연령 예측기 학습의 노트북 출력 결과

위의 출력 결과는 학습 데이터셋의 손실이 감소하고 있음을 보여준다.

이 학습 프로세스는 코랩에서 1시간이 걸렸다. 검색을 10개의 아키텍처(max_trials = 10)로 제한하고 이미지 수를 10,000개로 제한했다. 이 숫자를 늘리면 완료하는 데 시간이 더 오래 걸리더라도 더 정확한 모델을 얻을 수 있다.

모델 성능 향상

더 짧은 시간에 더 많은 정밀도가 필요한 경우 검색 공간을 사용자가 지정할 수 있는 고급 오토케라스 기능을 사용해 모델을 파인튜닝할 수 있다.

회귀 모델 예제의 앞부분에서 했던 것처럼 ImageRegressor 대신 ImageBlock과 함께 AutoModel을 사용해 block_type으로 검색할 특정 아키텍처 신경망을 정의하는 것과 같은 상위 수준의 구성을 구현할 수 있다. 정규화 또는 데이터 증강 같은 데이터 전처리 작업도 할 수 있다.

이전의 이미지 분류 모델 예제에서 했던 것처럼 이미지 인식을 위한 딥 잔차 학습 아키텍처인 에피션트넷 기반 이미지 회귀 모델로 적합한 아키텍처를 설계할 수 있다.

자세한 내용은 다음 예를 참고하라.

```
input_node = ak.ImageInput()
output_node = ak.Normalization()(input_node)
output_node = ak.ImageAugmentation()(output_node)
output_node = ak.ImageBlock(block_type="efficient")(input_node)
output_node = ak.RegressionHead()(output_node)
reg = ak.AutoModel(inputs=input_node, outputs=output_node, max_trials=20)
reg.fit(train_imgs, train_ages)
```

이 코드를 통해 다음 내용을 수행했다.

- Normalization 블록은 0에서 255 사이의 범위에 있는 모든 이미지값을 0에서 1 사이의 부동소수점으로 변환한다.

- (60000, 28 * 28) 크기인 모양의 값을 0과 1 사이의 값으로 설정한다.

- ImageBlock(block_type="efficient")를 사용하면 오토케라스에 에피션트넷 아키텍처만 스캔하도록 지시한다.
- ImageAugmentation 블록은 원본에서 새로운 인공 이미지를 생성하는 기술인 데이터 증강을 수행한다.

또한 이러한 인수를 지정할 수 없으며, 이 경우 다양한 옵션이 자동으로 조정된다.

에피션트넷 기능에 대한 자세한 내용은 https://keras.io/api/applications/efficientnet/ 에서 확인할 수 있다.

테스트 세트로 모델 평가

학습이 끝나면 예약된 테스트 데이터셋을 사용해 모델의 실제 예측을 측정할 차례다. 이런 식으로, 학습 세트로 얻은 좋은 결과가 과적합으로 인한 것임을 배제할 수 있다. 이를 수행하는 코드는 다음과 같다.

```
print(reg.evaluate(test_imgs, test_ages))
```

다음은 위 코드의 출력 결과다.

```
32/32 [==============================] - 2s 51ms/step - loss: 165.3358 -
mean_squared_error: 165.3358
[165.33575439453125, 165.33575439453125]
```

이 오차는 여전히 개선할 여지가 많지만 다음과 같이 테스트 샘플의 하위 집합에 대해 어떻게 예측하는지 살펴보자.

```
fig = plt.figure(figsize=[20,100])
for i, v in enumerate(predicted_y[0:80]):
    ax = fig.add_subplot(20, 5, i+1)
    ax.set_axis_off()
    ax.set_title('Prediced: %s, Real: %s' % (predicted_y[i][0],test_ages[i]))
```

```
        img = test_imgs[i]
        ax.imshow(img)
    plt.show()
```

그림 4.14는 이 코드의 출력 결과다.

그림 4.14 예측 및 실제 레이블이 있는 샘플

일부 예측 샘플이 실제 나이에 가깝지만 다른 샘플은 그렇지 않다는 사실을 알 수 있다. 따라서 더 많은 학습 시간과 파인튜닝에 투자하면 더 잘 예측할 수 있다. 분류 모델이 어떻게 작동하는지 이해하기 위해 분류 모델 내부를 살펴보자.

모델 시각화

다음 코드를 실행해 찾은 가장 잘 생성된 모델의 아키텍처와 함께 약간의 요약된 내용을 볼 수 있다.

```
model = clf.export_model()
model.summary()
```

그림 4.15는 위 코드의 출력 결과다.

```
Model: "functional_1"

Layer (type)                    Output Shape             Param #
=================================================================
input_1 (InputLayer)            [(None, 128, 128, 1)]    0

cast_to_float32 (CastToFloat    (None, 128, 128, 1)      0

normalization (Normalization    (None, 128, 128, 1)      3

random_flip (RandomFlip)        (None, 128, 128, 1)      0

conv2d (Conv2D)                 (None, 126, 126, 32)     320

conv2d_1 (Conv2D)               (None, 124, 124, 64)     18496

max_pooling2d (MaxPooling2D)    (None, 62, 62, 64)       0

conv2d_2 (Conv2D)               (None, 60, 60, 32)       18464

conv2d_3 (Conv2D)               (None, 58, 58, 32)       9248

max_pooling2d_1 (MaxPooling2    (None, 29, 29, 32)       0

dropout (Dropout)               (None, 29, 29, 32)       0

flatten (Flatten)               (None, 26912)            0

regression_head_1 (Dense)       (None, 1)                26913
=================================================================
Total params: 73,444
Trainable params: 73,441
Non-trainable params: 3
```

그림 4.15 최상의 모델 아키텍처 요약

여기에서 핵심 계층은 4장의 시작 부분에서 설명한 것처럼 합성곱 및 풀링 블록이다. 이 계층은 예측을 하는 데 도움이 되는 이미지에서 로컬 패턴을 학습한다. 이를 시각적으로 표현하면 그림 4.16과 같다.

먼저, 이미지를 정규화하고 데이터를 증강하는 일부 데이터 전처리 블록이 있다. 그다음에 쌓인 합성곱 및 풀링 블록이 여럿 있다. 그다음에는 정규화하는 드롭아웃 블록(가장 가까운 뉴런 간의 상관관계를 줄이기 위해 학습하는 동안 무작위 뉴런을 드롭하는 것을 기반으로 과적합을 줄이는 기술), 마지막으로 출력을 스칼라(나이)로 변환하기 위해 회귀 블록이 있다.

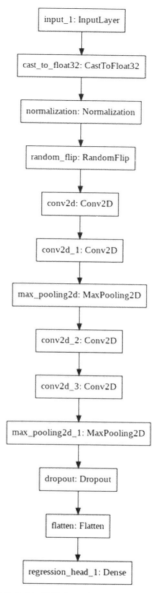

그림 4.16 최상의 모델 아키텍처 시각화

﹡ 요약

4장에서는 합성곱 네트워크의 작동 방식, 이미지 분류 모델을 구현하는 방법, 정확도를 향상하기 위해 파인튜닝하는 방법을 배웠다. 또한 이미지 회귀 모델을 구현하고 성능을 향상하기 위해 파인튜닝하는 방법도 배웠다.

이미지로 작업하는 방법을 배웠으므로 이제 오토케라스를 사용해 분류 및 회귀 모델을 구현하여 텍스트로 작업하는 방법을 다루는 다음 장으로 넘어갈 준비가 됐다.

05

오토케라스를 사용한
텍스트 분류 및 회귀

5장에서는 오토케라스를 사용한 텍스트(단어 시퀀스) 작업에 초점을 맞출 것이다.

4장에서 이미지 처리에 적합한 **합성곱 신경망**CNN, Convolutional Neural Network이라는 특수한 유형의 네트워크를 경험했다. 5장에서는 **순환 신경망**RNN, Recurrent Neural Network이 무엇이며 어떻게 작동하는지 살펴보겠다. RNN은 텍스트 작업에 매우 적합한 신경망 유형이다.

또한 분류와 회귀를 사용해 텍스트와 관련된 문제를 해결한다. 5장의 끝에서는 오토케라스로 트윗에서 감정 추출, 이메일에서 스팸 감지 등과 같은 텍스트 기반의 다양한 문제를 해결하는 방법을 배우게 될 것이다.

5장에서 다루는 내용은 다음과 같다.

- 텍스트 데이터 작업

- RNN 이해하기: RNN이란 무엇이며 어떻게 작동하는가?

- 1차원 CNN(Conv1D)

- 이메일 스팸 감지기 만들기

- 소셜 미디어에서 뉴스 인기도 예측

⠿ 기술 요구사항

이 책의 모든 코딩 예제는 https://github.com/PacktPublishing/Automated-Machine-Learning-with-AutoKeras에서 다운로드할 수 있는 주피터 노트북으로 사용할 수 있다.

코드 셀을 실행할 수 있으므로 원하는 코드 스니펫을 추가해 각 노트북을 사용할 수 있다. 이러한 이유로 각 노트북의 시작 부분에는 오토케라스와 종속성을 설치하는 환경설정을 위한 코드 셀이 있다.

코딩 예제를 실행하려면 운영체제로 우분투/리눅스가 있는 컴퓨터가 필요하며, 다음 명령줄을 사용해 주피터 노트북을 설치할 수 있다.

```
$ apt-get install python3-pip jupyter-notebook
```

또는 구글 코랩을 사용해 노트북 파일을 실행할 수도 있다. 이 경우 웹 브라우저만 있으면 된다. 자세한 내용은 2장의 '구글 코랩에서 오토케라스 사용하기' 절을 참고하라. 또한 '오토케라스 설치' 절에서 그 밖의 설치 옵션도 찾을 수 있다.

⠿ 텍스트 데이터 작업

오토케라스를 사용하면 텍스트 기반 작업을 해결하기 위한 고성능 모델을 빠르고 쉽게 생성할 수 있다.

텍스트는 DL 모델에 피드를 제공하는 훌륭한 정보 소스다. 소셜 미디어, 채팅, 이메일, 기사, 책과 같이 텍스트 기반 소스가 많으며, 다음과 같이 텍스트를 기반으로 자동화할 수 있는 수많은 작업이 있다.

- **번역**: 한 언어의 원본 텍스트를 다른 언어의 텍스트로 변환한다.

- **대화 봇**: ML 모델을 사용해 사람의 대화를 시뮬레이션한다.

- **감정 분석**: 텍스트 데이터를 분석해 감정을 분류한다.

- **스팸 분류 모델**: 머신러닝 모델을 사용해 이메일을 분류한다.

- **문서 요약기**: 문서 요약을 자동으로 생성한다.

- **텍스트 생성기**: 처음부터 자동으로 텍스트를 생성한다.

다른 유형의 데이터와 마찬가지로 오토케라스는 텍스트를 모델에 직접 전달할 수 있도록 전처리하지만 실제 예제를 시작하기 전에 내부에서 수행하는 작업을 살펴보자.

토큰화

이미 알고 있듯이 신경망은 숫자 벡터를 입력으로 사용하므로 **벡터화**vectorization라는 프로세스에서 텍스트를 숫자 텐서로 변환해야 한다. 그러나 그 전에 텍스트를 세그먼트로 잘라야 한다.

텍스트 분할은 다음과 같은 여러 단위의 도움이 필요하다.

- **단어**word: 텍스트를 단어로 나눈다.

- **문자**character: 텍스트를 문자로 분할한다.

- **N그램**N-gram: 단어 또는 문자의 N그램을 추출한다. N그램은 여러 개의 연속된 단어 또는 문자가 중첩된 그룹이다.

앞에서 언급한 단위를 **토큰**token이라고 하며, 텍스트를 해당 토큰으로 나누는 과정을 **토큰화**tokenization라고 한다. 뒤에서 토큰화라는 벡터화 과정에서 텍스트를 텐서로 변환하는 데 필요한 단계를 설명한다.

벡터화

텍스트가 토큰화되면 벡터화가 수행된다. 이 프로세스는 각 단어/문자/N그램을 벡터로 변환한다.

모든 텍스트 벡터화 프로세스는 다음 단계로 구성된다.

1. 일부 토큰화 설계 적용

2. 생성된 토큰과 숫자 벡터 연결

시퀀스 텐서에 채워진 벡터는 **심층 신경망**DNN, Deep Neural Network에 공급된다.

토큰을 벡터와 연결하는 방법에는 여러 가지가 있다. 다음과 같이 가장 중요한 두 가지를 살펴보자.

- **원핫 토큰 인코딩**one-hot token encoding은 토큰을 벡터와 연결하는 가장 간단한 방법이다. 토큰화에 단어를 사용한 경우 원핫 인코딩은 고유 정수 인덱스를 각 단어와 연결한 다음 이 정수 인덱스 i를 크기 N(어휘의 크기)의 이진 벡터로 변환해 입력 i의 값이 1이고 벡터의 나머지 모든 값은 0이 되게 한다.

- **토큰 임베딩**token embedding은 널리 사용되는 또 다른 형태의 토큰-벡터 연결이며 원핫 인코딩보다 더 강력하다. 원핫 인코딩으로 얻은 벡터는 이진(하나의 입력값은 1이고 나머지 값은 0)이고 차원이 높은(어휘의 단어 수와 길이가 같아야 함) 반면, 단어의 임베딩은 낮은 차원의 부동소수점 벡터다.

  원핫 인코딩으로 얻은 단어 벡터는 정적(배열의 위치가 단어를 결정하고 이 값은 절대 변경되지 않음)인 반면, 단어 임베딩 벡터는 동적(데이터에서 학습됨)이다. 값은 신경망 계층의 가중치와 동일한 방식으로 학습 중에 수정된다.

  그림 5.1의 스크린샷에서 볼 수 있듯이 훨씬 더 작은 크기에 더 많은 정보를 저장할 수 있는 것이 이러한 역동성dynamism이다.

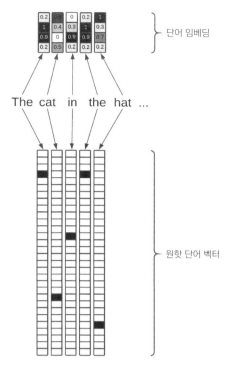

그림 5.1 원핫 인코딩 대 임베딩 비교

합성곱 네트워크가 이미지 기반 작업에 가장 적합한 선택이었던 것처럼 워드 프로세싱에 대해 이야기할 때 가장 최적의 네트워크 유형은 RNN이다. 다음 절에서 RNN이 무엇으로 구성돼 있는지 살펴보자.

RNN 이해하기

지금까지 본 모든 신경망의 공통된 특징은 메모리를 사용하지 않는다는 것이다. 완전 연결 층 또는 합성곱 층으로 구성된 네트워크는 각 입력을 독립적으로 처리해 다른 층과 격리된다. 그러나 RNN에서는 '과거'가 고려되며 이는 이전 출력을 상태로 사용한다. 따라서 RNN 층에는 2개의 입력이 있다. 하나는 현재 벡터의 표준 입력이고, 다른 하나는 그림 5.2에서 보는 것과 같이 이전 벡터의 출력이다.

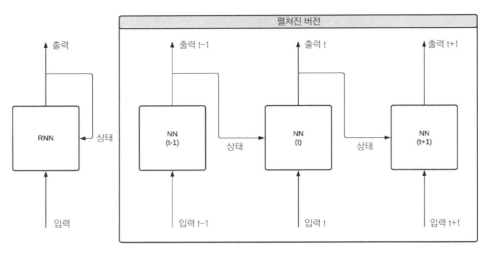

그림 5.2 펼쳐진 RNN 루프

RNN은 전체 요소 시퀀스에 대한 내부 루프를 사용해 메모리 기능을 구현한다. 다음과 같이 의사 코드로 설명하겠다.

```
state = 0
for input in input_sequence:
    output = f(input, state)
    state = output
```

여기에 제시한 것보다 훨씬 더 복잡한 시스템을 가진 여러 유형의 **RNN** 아키텍처가 있지만 그러한 아키텍처들은 이 책의 범위를 벗어난다. 여기서 설명하는 개념을 이해하는 것으로 충분하다. 구성과 사용할 아키텍처 선택을 모두 오토케라스에서 처리하기 때문이다.

1차원 CNN(Conv1D)

텍스트를 대상으로 작업할 때 고려해야 할 또 다른 아키텍처는 1차원 CNN(Conv1D) 이다. 1차원 CNN이 기반으로 하는 원리는 4장 '오토케라스를 사용한 이미지 분류 및 회귀'에서 본 2D CNN과 유사하다. 이 신경망은 4장의 이미지 처리에서 했던 것과 같은 방식으로 필터를 통해 텍스트의 패턴을 학습한다.

1차원 CNN의 예는 그림 5.3에 나와 있다.

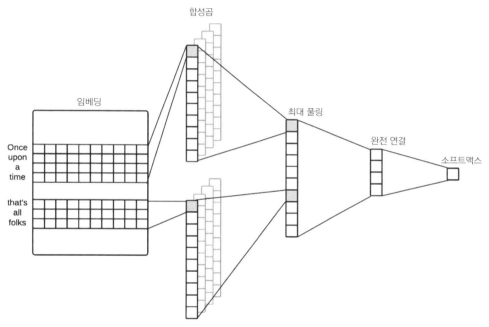

그림 5.3 텍스트 시퀀스에 대한 1D 합성곱

시퀀스에서 요소의 시간 순서가 예측에 중요한 경우 RNN이 훨씬 더 효과적이므로 1차원 CNN이 RNN과 결합되어 고성능 모델을 생성하는 경우가 많다는 사실을 아는 것이 좋다. 오토케라스가 수행하는 철저한 검색은 최상의 모델을 찾기 위해 두 가지를 모두 고려한다.

이제 몇 가지 실용적인 예를 통해 배운 개념을 실제로 적용해보자.

⫶ 이메일 스팸 감지기 만들기

이메일 데이터셋에서 스팸 이메일을 감지하는 모델을 만들 것이다. spam 열로 레이블이 지정된 5,572개 이메일로 이뤄진 작은 데이터셋을 사용한다.

전체 소스 코드가 포함된 노트북은 다음 웹사이트에서 찾을 수 있다.

https://colab.research.google.com/github/PacktPublishing/Automated-Machine-Learning-with-AutoKeras/blob/main/Chapter05/Chapter5_SpamDetector.ipynb

이제 노트북의 관련 셀을 다음과 같이 자세히 살펴보자.

- **오토케라스 설치**: 다른 예제에서 언급했듯이 노트북 상단의 다음 스니펫은 pip 패키지 관리자를 사용해 오토케라스 및 종속성을 설치하는 역할을 한다.

    ```
    !pip3 install autokeras
    ```

- **필요한 패키지 가져오기**: 다음 줄은 이 프로젝트에 필요한 종속성으로 텐서플로, 판다스, 넘파이, 오토케라스를 로드한다.

    ```
    import tensorflow as tf
    import pandas as pd
    import numpy as np
    import autokeras as ak
    from sklearn import model_selection
    ```

- **데이터셋 생성**: 먼저 다음과 같이 깃허브 리포지토리에서 이메일 스팸 데이터셋을 로드하고 전처리한다.

    ```
    emails_dataset = pd.read_csv("https://raw.githubusercontent.com/
    PacktPublishing/Automated-Machine-Learning-with-AutoKeras/main/
    spam.csv",encoding="latin-1")
    ```

이제 다음과 같이 관련 열의 이름을 바꾸고 불필요한 열을 제거해 데이터셋을 준비한다.

```
emails_dataset.drop(['Unnamed: 2', 'Unnamed: 3', 'Unnamed: 4'], axis = 1,
inplace = True)
emails_dataset.rename(columns = {'v1': 'spam', 'v2': 'message'},
inplace = True)
emails_dataset['spam'] = emails_dataset['spam'].map({'ham': 0, 'spam': 1})
emails_dataset.head()
```

그림 5.4는 위 코드의 출력 결과다.

	spam	message
0	0	Go until jurong point, crazy.. Available only ...
1	0	Ok lar... Joking wif u oni...
2	1	Free entry in 2 a wkly comp to win FA Cup fina...
3	0	U dun say so early hor... U c already then say...
4	0	Nah I don't think he goes to usf, he lives aro...

그림 5.4 데이터셋 미리보기의 노트북 출력 결과

이제 다음과 같이 데이터셋을 학습 데이터셋과 테스트 데이터셋으로 분할해보자.

```
x_train, x_test, y_train, y_test = model_selection.train_test_split(
emails_dataset.message.to_numpy(), emails_dataset.spam.to_numpy())
```

스팸 분류 모델을 만들 준비가 됐다.

스팸 예측기 만들기

이제 오토케라스 TextClassifier 클래스를 사용해 최상의 분류 모델을 찾는다. 이 작은
예를 위해 max_trials(시도할 다른 케라스 모델의 최대 수)를 2로 설정하고 epochs 매개변수
는 설정하지 않고 두 에포크의 EarlyStopping 콜백을 정의하여 검증에 대한 손실이 개선
되지 않으면 학습 프로세스가 중지되도록 한다. 코드는 다음 스니펫에 나와 있다.

```
clf = ak.TextClassifier(max_trials=2)
cbs = [tf.keras.callbacks.EarlyStopping(patience=2)]
```

다음과 같이 학습 데이터셋에 대한 최적의 분류 모델을 검색하기 위해 학습을 실행해 보자.

```
clf.fit(x_train, y_train, callbacks=cbs)
```

그림 5.5는 위 코드의 출력 결과다.

```
Trial 2 Complete [00h 00m 13s]
val_loss: 0.11438851803541183

Best val_loss So Far: 0.08033576607704163
Total elapsed time: 00h 00m 21s
INFO:tensorflow:Oracle triggered exit
Epoch 1/3
131/131 [==============================] - 2s 11ms/step - loss: 0.4098 - accuracy: 0.8703
Epoch 2/3
131/131 [==============================] - 1s 10ms/step - loss: 0.0701 - accuracy: 0.9779
Epoch 3/3
131/131 [==============================] - 1s 10ms/step - loss: 0.0230 - accuracy: 0.9958
INFO:tensorflow:Assets written to: ./text_classifier/best_model/assets
```

그림 5.5 텍스트 분류 모델 학습의 노트북 출력 결과

위의 출력 결과는 학습 데이터셋의 정확도가 증가하고 있음을 보여준다.

보다시피 검증 세트에서 0.080의 손실값을 달성했다. 단 1분의 학습으로 정말 좋은 결과다. 검색을 두 가지 아키텍처로 제한했는데(max_trials = 2), max_trials 숫자를 늘리면 완료하는 데 시간이 더 오래 걸리더라도 더 정확한 모델을 얻을 수 있다.

모델 평가

테스트 데이터셋으로 최고의 모델을 평가할 때다. 다음 명령을 실행해 이를 수행할 수 있다.

```
clf.evaluate(x_test, y_test)
```

다음은 위 명령의 출력 결과다.

```
44/44 [==============================] - 0s 4ms/step - loss: 0.0491 -
accuracy: 0.9849
[0.04908078908920288, 0.9849246144294739]
```

우리가 볼 수 있듯이 테스트셋의 예측 정확도인 0.9849는 투자한 시간에 비해 정말 좋은 최종 예측 점수다.

모델 시각화

다음 코드를 실행하여 가장 잘 생성된 모델의 아키텍처에 대한 간략한 요약을 볼 수 있다.

```
model = clf.export_model()
model.summary()
```

그림 5.6은 위 코드의 출력 결과다.

```
Layer (type)                   Output Shape        Param #
=================================================================
input_1 (InputLayer)           [(None,)]           0

expand_last_dim (ExpandLastD   (None, 1)           0

text_vectorization (TextVect   (None, 512)         0

embedding (Embedding)          (None, 512, 64)     320064

dropout (Dropout)              (None, 512, 64)     0

conv1d (Conv1D)                (None, 508, 256)    82176

global_max_pooling1d (Global   (None, 256)         0

dense (Dense)                  (None, 256)         65792

re_lu (ReLU)                   (None, 256)         0

dropout_1 (Dropout)            (None, 256)         0

dense_1 (Dense)                (None, 1)           257

classification_head_1 (Activ   (None, 1)           0
=================================================================
Total params: 468,289
Trainable params: 468,289
Non-trainable params: 0
```

그림 5.6 최상의 모델 아키텍처 요약

여기에서 볼 수 있듯이 오토케라스는 작업을 수행하기 위해 합성곱 모델(Conv1D)을 선택했다. 4장 '오토케라스를 사용한 이미지 분류 및 회귀'에서 설명했듯이 이러한 종류의 아키텍처는 시퀀스의 요소 순서가 예측에 중요하지 않을 때 잘 작동한다.

그림 5.7은 아키텍처를 시각적으로 나타낸 것이다.

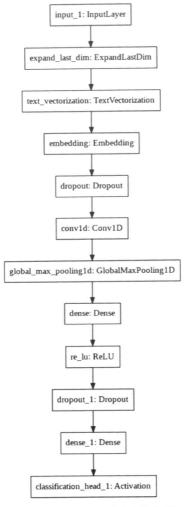

그림 5.7 최상의 모델 아키텍처 시각화

이미 알고 있듯이 모델을 생성하고 가장 좋은 것을 선택하는 것은 오토케라스가 자동으로 수행하는 작업이지만, 이러한 블록에 대해 간단히 설명하겠다.

각 블록은 계층을 나타내며, 첫 번째 블록(입력이 텍스트)과 마지막 블록(출력이 예측 숫자)을 제외하고 각 블록의 출력은 다음 입력에 연결된다. Conv1D 이전의 블록은 모두 데이터 전처리 블록이며, 이 Conv1D 블록을 공급하기 위해 임베딩을 생성하는 텍스트를 벡터화하고 최대 풀링 층을 통해 필터의 차원을 줄이는 역할을 한다. 오토케라스는 과적합을 줄이기 위해 여러 드롭아웃 블록도 추가했다.

다음 절에서는 실제 예를 통해 텍스트 회귀 문제를 해결한다. 뉴스 인기도 예측기를 만들 것이다.

⠿ 소셜 미디어에서 뉴스 인기도 예측

이 절에서는 텍스트를 기반으로 소셜 미디어 플랫폼 기사의 인기도 점수를 찾는 모델을 만든다. 이를 위해 2015년과 2016년 사이에 수집된 뉴스 인기도 데이터셋(https://archive.ics.uci.edu/ml/datasets/News+Popularity+in+Multiple+Social+Media+Platforms)으로 모델을 학습시킬 것이다.

점수('좋아요' 수)를 대략적으로 계산하기 위해 텍스트 회귀를 사용한다.

그림 5.8의 스크린샷에서 뉴스 인기도 데이터셋의 몇 가지 샘플을 볼 수 있다.

	IDLink	Title	Headline	Source	Topic	PublishDate	SentimentTitle	SentimentHeadline	Facebook	GooglePlus	LinkedIn
732	299.0	Microsoft's OneDrive debacle shows its cloud c...	When Microsoft announced earlier this week tha...	Digital Trends via Yahoo! News	microsoft	2015-11-08 12:15:00	-0.166139	-0.259052	6	0	1
734	294.0	'Economy to improve in next 2 quarters'	In the coming six months, there seems to be gr...	The Hindu	economy	2015-11-08 12:54:00	0.114820	0.256116	2	0	3
736	292.0	Get ready for a ton of Fedspeak (DJIA, SPY, SP...	The US economy had a blockbuster October. US c...	Business Insider	economy	2015-11-08 13:07:00	-0.055902	-0.378927	27	2	22
738	328.0	Microsoft to play a big part in Digital India	Bhaskar Pramanik, Chairman, Microsoft India, s...	DNA India	microsoft	2015-11-08 16:47:00	-0.018326	0.062500	11	1	1
741	201.0	Dollar Goes From Savior to Scapegoat as Zimbab...	Zimbabwe freed its economy from the nightmare ...	Bloomberg	economy	2015-11-08 20:41:00	-0.079057	0.000000	61	0	32
...	...	...	...	...	...	...	...	...	...	...	...
93222	61866.0	Microsoft operating chief Kevin Turner is leav...	Kevin Turner, the former Walmart executive who...	Recode	microsoft	2016-07-07 14:20:11	0.037689	-0.052129	-1	4	16
93224	61839.0	Microsoft set a new record by storing an OK Go...	Microsoft announced on Thursday that it has se...	Business Insider	microsoft	2016-07-07 14:27:11	-0.122161	0.118732	-1	3	27
93229	61849.0	Read Microsoft's Cringeworthy Millennial-Bait	For any corporate recruiter thinking about add...	Fortune	microsoft	2016-07-07 15:06:11	0.051031	0.178885	-1	0	6
93234	61851.0	Stocks rise as investors key in on US economy ...	The June employment report is viewed as a cruc...	MarketWatch	economy	2016-07-07 15:31:05	0.104284	0.044943	-1	3	5
93235	61865.0	Russian PM proposes to use conservative and to...	In addition, establish stimulating economic po...	TASS	economy	2016-07-07 15:31:10	0.072194	0.000000	-1	0	1

37640 rows × 11 columns

그림 5.8 뉴스 인기도 데이터셋의 샘플

전체 소스 코드가 포함된 이 노트북은 https://github.com/PacktPublishing/Automated
-Machine-Learning-with-AutoKeras/blob/main/Chapter05/Chapter5_NewPop.
ipynb에서 찾을 수 있다.

이제 노트북의 관련 코드 셀을 자세히 설명할 것이다.

- **기사 데이터셋 가져오기**: 학습 전에 각 기사의 텍스트와 인기도 점수가 포함된 데이터셋을 다운로드해야 한다. 이를 수행하는 코드는 다음과 같다.

```
news_df = pd.read_csv("https://archive.ics.uci.edu/ml/machine-learning-
databases/00432/Data/News_Final.csv")
```

- **데이터 전처리**: 제목과 헤드라인을 기반으로 인기도 점수(숫자)를 추정하기 위해 회귀 모델을 사용한다. 그러나 먼저 다음 코드를 사용해 적절한 형식으로 텍스트 데이터를 준비해야 한다.

```
text_inputs = np.array(news_df.Title+ ". " +
news_df.Headline).astype("str")
```

위의 코드에서는 회귀 모델을 제공하기 위해 Title 및 Headline 텍스트 열을 병합했다.

이제 링크드인에서 각 기사의 인기도 점수를 추출해 레이블로 사용할 수 있다. 예제를 단순화하기 위해 링크드인 점수만 사용하기로 결정했다. 코드는 다음 스니펫에 나와 있다.

```
media_success_outputs = news_df.LinkedIn.to_numpy(dtype="int")
```

다음으로 아래와 같이 학습 및 테스트 데이터셋을 생성한다.

- **데이터셋 생성**: 데이터셋은 다음과 같이 *sklearn* 함수를 사용해 학습 및 테스트 세트로 분할한다.

```
from sklearn.model_selection import train_test_split
x_train, x_test, y_train, y_test = train_test_split(text_inputs,
media_success_outputs, test_size = 0.2, random_state = 10)
```

데이터셋을 생성하면 모델에 제공할 준비가 되지만 먼저 모델을 생성해야 한다.

텍스트 회귀 모델 생성

텍스트 문장 세트에서 인기도 점수를 예측하길 원하고, 인기도 점수가 스칼라값이기 때문에 오토케라스 TextRegressor를 사용할 것이다. 이 예에서는 max_trials를 2로 설정하고 epochs 매개변수를 설정하지 않고 2개의 연속적인 에포크에서 검증 데이터의 손실이 감소하지 않으면 학습 프로세스가 중지되도록 patience 값이 2인 EarlyStopping 콜백을 정의한다. 코드는 다음 스니펫에서 볼 수 있다.

```
reg = ak.TextRegressor(max_trials=2)
cbs = [tf.keras.callbacks.EarlyStopping(patience=2)]
```

다음과 같이 학습 데이터셋에 대한 최적의 회귀 모델을 검색하도록 학습을 실행해보자.

```
reg.fit(x_train, y_train, callbacks=cbs)
```

그림 5.9는 위 코드의 출력 결과다.

```
Trial 2 Complete [00h 03m 44s]
val_loss: 14726.8974609375

Best val_loss So Far: 14726.8974609375
Total elapsed time: 00h 07m 11s
INFO:tensorflow:Oracle triggered exit
Epoch 1/9
2331/2331 [==============================] - 23s 10ms/step - loss: 25841.2314 - mean_squared_error: 25841.2314
Epoch 2/9
2331/2331 [==============================] - 22s 9ms/step - loss: 25266.0573 - mean_squared_error: 25266.0573
Epoch 3/9
2331/2331 [==============================] - 22s 9ms/step - loss: 25201.4815 - mean_squared_error: 25201.4815
Epoch 4/9
2331/2331 [==============================] - 22s 9ms/step - loss: 24630.7472 - mean_squared_error: 24630.7472
Epoch 5/9
2331/2331 [==============================] - 22s 10ms/step - loss: 22843.2585 - mean_squared_error: 22843.2585
Epoch 6/9
2331/2331 [==============================] - 22s 10ms/step - loss: 20687.3622 - mean_squared_error: 20687.3622
Epoch 7/9
2331/2331 [==============================] - 22s 10ms/step - loss: 17115.8473 - mean_squared_error: 17115.8473
Epoch 8/9
2331/2331 [==============================] - 23s 10ms/step - loss: 10369.0446 - mean_squared_error: 10369.0446
Epoch 9/9
2331/2331 [==============================] - 23s 10ms/step - loss: 19128.3602 - mean_squared_error: 19128.3602
INFO:tensorflow:Assets written to: ./text_regressor/best_model/assets
```

그림 5.9 뉴스 인기도 예측 모델 학습의 노트북 출력 결과

그림 5.9의 출력 결과에서 볼 수 있듯이 몇 분 후에 14726이 검증 데이터의 손실(평균 제곱
오차, 즉 MSE)이 최적인 모델이 생성됐다. 모든 예측이 최종 점수에서 평균 121(제곱근
14726)에서 실패한다는 것을 의미하며, 이는 투자한 시간에 비해 나쁘지 않은 결과다. 테
스트셋에서 어떻게 작동하는지 확인해보자.

모델 평가

테스트 데이터셋으로 최상의 모델을 평가할 시간이다. 다음 코드를 실행한다.

```
reg.evaluate(x_test, y_test)
```

다음은 위 코드의 출력 결과다.

```
583/583 [==============================] - 3s 5ms/step - loss: 13944.2070 -
mean_squared_error: 13944.2070
[13944.20703125, 13944.20703125]
```

13944는 투자한 시간에 대한 정말 좋은 예측 점수다. 더 많은 시도로 오토케라스를 실행
하면 더 나은 결과를 얻을 수 있다.

모델 시각화

이제 모델의 내부를 살펴볼 시간이다. 다음 코드를 실행한다.

```
model = reg.export_model()
model.summary()
```

그림 5.10은 위 코드의 출력 결과다.

```
Layer (type)                       Output Shape        Param #
=================================================================
input_1 (InputLayer)               [(None,)]                 0

expand_last_dim (ExpandLastD       (None, 1)                 0

text_vectorization (TextVect       (None, 64)                0

embedding (Embedding)              (None, 64, 32)       160032

dropout (Dropout)                  (None, 64, 32)            0

conv1d (Conv1D)                    (None, 62, 32)         3104

conv1d_1 (Conv1D)                  (None, 60, 32)         3104

max_pooling1d (MaxPooling1D)       (None, 30, 32)            0

conv1d_2 (Conv1D)                  (None, 28, 32)         3104

conv1d_3 (Conv1D)                  (None, 26, 32)         3104

max_pooling1d_1 (MaxPooling1       (None, 13, 32)            0

flatten (Flatten)                  (None, 416)               0

dense (Dense)                      (None, 32)            13344

re_lu (ReLU)                       (None, 32)                0

dense_1 (Dense)                    (None, 32)             1056

re_lu_1 (ReLU)                     (None, 32)                0

regression_head_1 (Dense)          (None, 1)                33
=================================================================
Total params: 186,881
Trainable params: 186,881
Non-trainable params: 0
```

그림 5.10 최상의 모델 아키텍처 요약

이전 분류 예제에서와 같이 오토케라스는 합성곱 모델(Conv1D)을 선택했다. 이전에 설명했듯이 합성곱 모델은 RNN보다 시간이 덜 걸리는 아키텍처이며 시퀀스의 요소 순서가 예측에 중요하지 않을 때 가장 적합하다.

모델 성능 향상

이전 예에서와 같이 더 짧은 시간에 더 높은 정밀도가 필요한 경우, 검색 공간을 사용자가 정의할 수 있는 고급 오토케라스 기능을 사용해 모델을 파인튜닝할 수 있다.

TextRegressor 대신 TextBlock과 함께 AutoModel을 사용하면 찾을 신경망 유형에 대한 block_type과 같은 상위 수준 구성을 만들 수 있다. 또는 텍스트 소스에 더 많은 어휘(개별 단어의 수)가 있는 경우 오토케라스에서 사용자 지정 파이프라인을 생성해 max_tokens 매개변수를 늘릴 수 있다.

자세한 내용은 다음 예를 참고하자.

```
cbs = [tf.keras.callbacks.EarlyStopping(patience=2)]
input_node = ak.TextInput()
output_node = ak.TextToIntSequence(max_tokens=20000)(input_node)
output_node = ak.TextBlock(block_type='ngram')(input_node)
output_node = ak.RegressionHead()(output_node)
automodel = ak.AutoModel(inputs=input_node, outputs=output_node,
objective='val_mean_squared_error', max_trials=2)
automodel.fit(x_train, y_train, callbacks=cbs)
```

위의 코드 블록에서 다음과 같은 설정을 했다.

- EarlyStopping 블록은 검증 데이터 손실이 2개의 연속 에포크에서 감소하지 않으면 학습을 중지한다.

- max_token 매개변수는 20000으로 설정했다. 텍스트 소스가 더 많은 어휘(고유한 단어의 수)를 갖고 있기 때문이다.

- TextBlock(block_type="ngram")을 사용해 N그램 임베딩을 사용하는 모델만 스캔하도록 오토케라스에 지시했다.

또한 이러한 인수를 지정할 수 없으며, 이 경우 다양한 옵션이 자동으로 조정된다.

테스트셋으로 모델 평가

학습이 끝나면 예약된 테스트 데이터셋을 사용해 모델의 실제 예측을 측정할 차례다. 이런 식으로, 학습 세트로 얻은 좋은 결과가 과적합으로 인한 것임을 배제할 수 있다. 다음 코드를 실행하자.

```
automodel.evaluate(x_test, y_test)
```

다음은 위 코드의 출력 결과다.

```
583/583 [==============================] - 6s 9ms/step - loss: 13508.9316 -
mean_squared_error: 13508.9316
[13508.931640625, 13508.931640625]
```

성능은 파인튜닝하지 않은 모델보다 약간 나은 수준이지만, 더 오랜 시간 학습하면 확실히 향상될 것이다.

요약

5장에서는 신경망이 텍스트 데이터와 어떻게 작동하는지, 순환 신경망이 무엇이며 어떻게 작동하는지 배웠다.

또한 몇 줄의 코드로 스팸 예측기 및 뉴스 인기도 회귀 모델을 구현해 오토케라스의 기능을 사용함으로써 신경망 개념을 실제로 적용했다.

이제 텍스트로 작업하는 방법을 배웠으므로 다음 장으로 넘어갈 준비가 됐다. 여기서 오토케라스를 사용해 분류 및 회귀 모델을 구현하여 구조화된 데이터로 작업하는 방법을 배울 것이다.

06

오토케라스를 사용한
구조화된 데이터 작업

6장에서는 오토케라스를 사용해 테이블 형식 데이터라고도 하는 구조화된 데이터 structured data 작업에 중점을 둔다. 구조화된 데이터셋을 탐색하는 방법과 이 데이터 소스를 기반으로 문제를 해결하기 위해 적용할 기술을 배운다.

6장을 완료하면 구조화된 데이터셋을 탐색하고 변환해 특정 모델의 데이터 소스로 사용할 수 있을 뿐만 아니라, 구조화된 데이터를 기반으로 작업을 해결하기 위해 고유한 분류 및 회귀 모델을 생성할 수 있다.

6장에서 다루는 내용은 다음과 같다.

- 구조화된 데이터 이해하기

- 구조화된 데이터 작업

- 타이타닉 생존자를 예측하기 위한 구조화된 데이터 분류 모델 만들기

- 보스턴 주택 가격을 예측하기 위한 구조화된 데이터 회귀 분석 모델 만들기

⠿ 기술 요구사항

이 책의 모든 코딩 예제는 https://github.com/PacktPublishing/Automated-Machine-Learning-with-AutoKeras에서 다운로드할 수 있는 주피터 노트북으로 사용할 수 있다.

코드 셀을 실행할 수 있으므로 원하는 코드 스니펫을 추가해 각 노트북을 사용할 수 있다. 이러한 이유로 각 노트북의 시작 부분에는 오토케라스와 종속성을 설치하는 환경 설정을 위한 코드 셀이 있다.

코딩 예제를 실행하려면 운영체제로 우분투/리눅스가 있는 컴퓨터가 필요하며, 다음 명령줄을 사용해 주피터 노트북을 설치할 수 있다.

```
$ apt-get install python3-pip jupyter-notebook
```

또는 구글 코랩을 사용해 노트북 파일을 실행할 수도 있다. 이 경우 웹 브라우저만 있으면 된다. 자세한 내용은 2장의 '구글 코랩에서 오토케라스 사용하기' 절을 참고하라. 또한 '오토케라스 설치' 절에서 그 밖의 설치 옵션도 찾을 수 있다.

⠿ 구조화된 데이터 이해하기

구조화된 데이터는 기본적으로 표 형식의 데이터다. 즉, 데이터베이스의 행과 열로 표현되는 데이터다. 이러한 테이블에는 다음과 같은 두 가지 유형의 구조화된 데이터가 있다.

- **수치 데이터**: 수치 척도로 표현한 데이터다. 다음과 같은 두 가지 방식으로 표현한다.

  a. **연속**: 온도, 속도, 높이 등과 같이 수치 사이 값에서 임의의 값을 취할 수 있는 데이터다. 예를 들어, 사람의 키는 정숫값의 키뿐만 아니라 모든 값(사람 키 범위 내)이 될 수 있다.

b. **불연속**: 카운터와 같이 나눌 수 없는 정숫값만 사용할 수 있는 데이터다. 예를 들어 은행 계좌의 금액, 국가의 인구 등이 있다.

- **범주형 데이터**: 가능한 범주에 해당하는 특정 값 집합만 사용할 수 있는 데이터다. 다음과 같은 범주로 나뉜다.

　　a. **이진**: 2개의 값(0/1)만 허용할 수 있는 데이터

　　b. **서수**: 요일과 같이 명시적인 순서가 있는 데이터

각 피처의 데이터 타입을 알아야 적절한 전처리를 할 수 있다. 예를 들어, 데이터프레임의 열 중 하나가 서수 데이터인 경우 모델에 전달하기 전에 이를 원핫 인코딩으로 전처리해야 한다.

구조화된 데이터 작업

오토케라스는 구조화된 데이터를 처리하기 위한 고성능 모델을 빠르고 쉽게 생성할 수 있다.

각 열의 형식에 따라 오토케라스는 모델을 공급하기 전에 자동으로 열을 전처리한다. 예를 들어, 열에 텍스트가 포함되어 있으면 임베딩으로 변환하고 열값이 고정 범주인 경우 원핫 인코딩 배열로 변환한다.

다음 절에서는 테이블 형식 데이터셋으로 작업하는 것이 얼마나 쉬운지 살펴보겠다.

타이타닉 생존자를 예측하기 위한 구조화된 데이터 분류 모델 만들기

타이타닉 모델은 타이타닉 캐글^{Titanic Kaggle} 데이터셋에서 추출한 특성을 기반으로 타이타닉이 침몰할 때 승객이 생존할 것인지 여부를 예측한다. 운이 생존에 중요한 요인이기는 했지만 일부 그룹의 사람들은 다른 그룹보다 생존 가능성이 더 높았다.

타이타닉 데이터셋에는 학습 데이터셋과 테스트 데이터셋이 있다. 두 데이터셋 모두 이름, 나이, 성별, 사회경제적 계층 등과 같은 승객 정보를 포함하는 유사한 데이터셋이다.

학습 데이터셋(train.csv)에는 탑승한 승객의 하위 집합(정확히 891)에 대한 세부 정보가 포함돼 있어 survived 열에서 생존 여부를 보여준다.

테스트 데이터셋(test.csv)은 최종 평가에 사용되며 다른 418명의 승객에 대한 유사한 정보를 포함한다.

오토케라스는 학습 데이터에서 패턴을 찾아 탑승한 다른 418명의 승객(test.csv에서 확인)이 생존했는지 예측한다.

전체 소스 코드 노트북은 https://github.com/PacktPublishing/Automated-Machine-Learning-with-AutoKeras/blob/main/Chapter06/Chapter6_TitanicClassifier. ipynb에서 확인할 수 있다.

이제 노트북의 관련 셀을 자세히 살펴보자.

- **오토케라스 설치**: 다른 예에서 언급했듯이 노트북 상단의 이 스니펫은 pip 패키지 관리자를 사용해 오토케라스 및 종속성을 설치하는 역할을 한다.

    ```
    !pip3 install autokeras
    ```

- **필요한 패키지 가져오기**: 다음 줄은 이 프로젝트에 필요한 텐서플로, 판다스, 오토케라스를 로드한다.

    ```
    import tensorflow as tf
    import autokeras as ak
    import pandas as pd
    ```

- **데이터셋 생성**: 먼저 타이타닉 데이터셋을 판다스 데이터프레임으로 로드한다.

    ```
    train_file_url = "https://storage.googleapis.com/tf-datasets/titanic/
    train.csv"
    ```

```
test_file_url = "https://storage.googleapis.com/tf-datasets/titanic/
eval.csv"
train_df = pd.read_csv(train_file_url)
test_df = pd.read_csv(test_file_url)
```

이제 레이블(대상)을 나머지 승객 피처(입력)와 분리해야 한다.

```
x_train_df, y_train_df = train_df.drop(['survived'],axis=1),
train_df['survived']
```

- **몇 가지 샘플 보기**: 다음으로 열의 값을 보기 위해 처음 몇 개의 행을 출력한다.

    train_df.head()

그림 6.1은 위 코드의 출력 결과다.

	survived	sex	age	n_siblings_spouses	parch	fare	class	deck	embark_town	alone
0	0	male	35.0	0	0	8.0500	Third	unknown	Southampton	y
1	0	male	54.0	0	0	51.8625	First	E	Southampton	y
2	1	female	58.0	0	0	26.5500	First	C	Southampton	y
3	1	female	55.0	0	0	16.0000	Second	unknown	Southampton	y
4	1	male	34.0	0	0	13.0000	Second	D	Southampton	y
...	...	...	...	...	...	...	...	...	...	...
259	1	female	25.0	0	1	26.0000	Second	unknown	Southampton	n
260	0	male	33.0	0	0	7.8958	Third	unknown	Southampton	y
261	0	female	39.0	0	5	29.1250	Third	unknown	Queenstown	n
262	0	male	27.0	0	0	13.0000	Second	unknown	Southampton	y
263	1	male	26.0	0	0	30.0000	First	C	Cherbourg	y

264 rows × 10 columns

그림 6.1 학습 데이터셋의 처음 몇 행의 노트북 출력 결과

스크린샷은 다른 열에 표시된 승객 정보를 보여준다. 첫 번째(survived)가 예측할 열이다.

이제 분류 모델을 만들 차례다.

분류 모델 만들기

이제 오토케라스의 `StructuredDataClassifier`를 사용해 최상의 분류 모델을 찾을 것이다. 이 예에서 `max_trials`(시도할 다른 케라스 모델의 최대 수)를 2로 설정하고 `epochs` 매개변수를 10으로 설정한다.

```
clf = ak.StructuredDataClassifier(max_trials=2, overwrite=True)
```

학습 데이터셋에 대한 최적의 분류 모델을 만들기 위해 학습 프로세스를 실행해보자.

```
clf.fit(
    x_train_df,
    y_train_df,
    epochs=10,
)
```

`StructuredDataClassifier`는 다양한 입력 형식을 허용한다. 이전 코드에서 했던 것처럼 판다스 데이터프레임을 전달할 수 있지만 넘파이 배열 및 텐서플로 데이터셋 같은 형식도 허용한다. 또한 URL 또는 파일 경로를 직접 전달할 수 있으며 모델에서 자동으로 다운로드 및 수집한다. URL 또는 파일 경로 옵션을 사용하려면 대상 열의 이름을 두 번째 인수로 지정해야 한다.

```
clf.fit(
    train_file_url,
    'survived',
    epochs=10,
)
```

출력 결과는 두 경우 모두 비슷하다.

```
Trial 2 Complete [00h 00m 03s]
val_accuracy: 0.8260869383811951

Best val_accuracy So Far: 0.843478262424469
Total elapsed time: 00h 00m 06s
INFO:tensorflow:Oracle triggered exit
Epoch 1/10
20/20 [==============================] - 1s 2ms/step - loss: 0.6486 - accuracy: 0.6435
Epoch 2/10
20/20 [==============================] - 0s 2ms/step - loss: 0.5742 - accuracy: 0.7467
Epoch 3/10
20/20 [==============================] - 0s 2ms/step - loss: 0.5263 - accuracy: 0.7971
Epoch 4/10
20/20 [==============================] - 0s 2ms/step - loss: 0.4917 - accuracy: 0.8126
Epoch 5/10
20/20 [==============================] - 0s 2ms/step - loss: 0.4674 - accuracy: 0.8116
Epoch 6/10
20/20 [==============================] - 0s 2ms/step - loss: 0.4504 - accuracy: 0.8115
Epoch 7/10
20/20 [==============================] - 0s 2ms/step - loss: 0.4390 - accuracy: 0.8142
Epoch 8/10
20/20 [==============================] - 0s 2ms/step - loss: 0.4314 - accuracy: 0.8125
Epoch 9/10
20/20 [==============================] - 0s 3ms/step - loss: 0.4259 - accuracy: 0.8166
Epoch 10/10
20/20 [==============================] - 0s 2ms/step - loss: 0.4216 - accuracy: 0.8193
INFO:tensorflow:Assets written to: ./structured_data_classifier/best_model/assets
```

그림 6.2 구조화된 데이터 분류 모델 학습의 노트북 출력 결과

그림 6.2의 출력 결과는 학습 데이터셋의 정확도가 증가하고 있음을 보여준다.

보다시피 검증 세트에서 최고의 예측 정확도로 0.84를 달성했다. 이 결과는 몇 초 학습의 결과로 좋은 수치다. 검색을 10개의 에포크와 2개의 아키텍처로 제한했는데(max_trials = 2), 단순히 이 숫자를 늘리면 정확도가 향상되지만 완료하는 데 시간이 더 오래걸린다.

모델 평가

테스트 데이터셋으로 최상의 모델을 평가해보자.

```
clf.evaluate(test_file_url, 'survived')
```

다음은 위 코드의 출력 결과다.

```
9/9 [==============================] - 0s 2ms/step - loss: 0.4322 -
accuracy: 0.8068
[0.4321742355823517, 0.8068181872367859]
```

보다시피, `0.80`은 또한 우리가 투자한 학습 시간에 비하면 정말 좋은 최종 예측 점수다.

모델 시각화

이제 성공적인 모델이 있으므로 아키텍처에 대한 간략한 요약을 살펴보자.

```
model = clf.export_model()
model.summary()
```

그림 6.3은 위 코드의 출력 결과다.

Layer (type)	Output Shape	Param #
input_1 (InputLayer)	[(None, 9)]	0
multi_category_encoding (Mul	(None, 9)	0
normalization (Normalization	(None, 9)	19
dense (Dense)	(None, 128)	1280
re_lu (ReLU)	(None, 128)	0
dense_1 (Dense)	(None, 32)	4128
re_lu_1 (ReLU)	(None, 32)	0
dense_2 (Dense)	(None, 1)	33
classification_head_1 (Activ	(None, 1)	0

```
Total params: 5,460
Trainable params: 5,441
Non-trainable params: 19
```

그림 6.3 최상의 모델 아키텍처 요약

보다시피 오토케라스는 범주 열을 범주로 인코딩하고 정규화하여 모든 전처리 작업을 했다.

144

이에 대한 시각적 표현을 살펴보자.

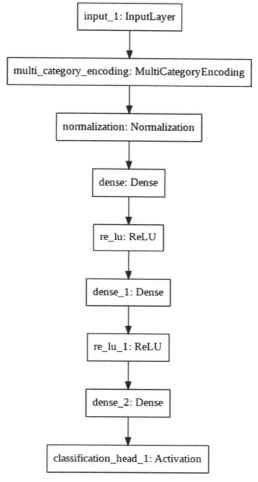

그림 6.4 최상의 모델 아키텍처 시각화

데이터 전처리 블록(다중 범주 및 정규화) 후 오토케라스는 완전 연결 신경망을 선택했다. 이것은 테이블 형식 데이터에 적합한 고전적인 ML 아키텍처다. 이 고전적인 ML 아키텍처는 데이터 내의 패턴이 더 명확하다. 따라서 구조화된 데이터가 기존 머신러닝 모델로 더 쉽게 학습되기 때문에 의미가 있다.

다음 절에서는 주택 가격을 예측하여 구조화된 데이터 회귀 문제를 해결할 것이다.

⁙ 보스턴 주택 가격을 예측하기 위한 구조화된 데이터 회귀 분석 모델 만들기

다음 예에서는 범죄율, 부동산의 세율, 지역 재산 등과 같은 당시 교외 지역에 대한 데이터 특성을 고려하여 1970년대 중반 보스턴 교외 지역의 주택 가격 중앙값을 예측할 것이다.

특정 교외의 피처로 집값을 알아내는 모델을 만들 것이다. 이를 위해 boston_housing 데이터셋을 사용해 모델을 학습시킬 것이며, 이를 리포지토리(https://github.com/PacktPublishing/Automated-Machine-Learning-with-AutoKeras/blob/main/boston.csv)에 추가해야 한다. 사용할 데이터셋은 404개의 학습 샘플과 102개의 테스트 샘플로 나누어진 506개의 샘플로 비교적 작다. 데이터셋은 정규화되지 않았으므로 입력 데이터의 각 특성은 해당 값에 다른 척도를 적용해야 한다. 예를 들어, 일부 열에는 0에서 1 범위의 값이 있는 반면 다른 열은 1에서 12, 0에서 100까지의 값이 있다. 따라서 정규화되지 않은 데이터는 오토케라스의 자동 전처리 기능을 테스트하기에 좋은 데이터셋이다.

데이터셋의 피처(열)는 다음과 같이 요약할 수 있다.

- **CRIM**: 도시별 범죄율(1인당)

- **ZN**: 25,000평방피트를 초과하는 거주지역의 비율

- **INDUS**: 비소매상업지역이 점유하고 있는 토지의 비율

- **CHAS**: 찰스 강 더미 변수(강가에 있는 경우 1, 그렇지 않은 경우 0)

- **NOX**: 일산화질소 농도(1천만분의 1)

- **RM**: 주택당 평균 방 수

- **AGE**: 1940년 이전에 건축된 집의 비율

- **DIS**: 보스턴 고용 센터 5곳까지의 거리의 가중 평균

- **RAD**: 방사형 고속도로 접근성 지수

- **TAX**: $10,000당 재산세율

- **PTRATIO**: 도시별 학생-교사 비율

- **LSTAT**: 모집단의 하위계층 비율

- **MEDV**: $1,000 단위의 소유자가 거주하는 주택 가격(중앙값)

그림 6.5의 스크린샷은 이 데이터셋의 일부 샘플을 보여준다.

	CRIM	ZN	INDUS	CHAS	NOX	RM	AGE	DIS	RAD	TAX	PTRATIO	LSTAT
0	0.00632	18.0	2.31	0	0.538	6.575	65.2	4.0900	1	296	15.3	4.98
1	0.02731	0.0	7.07	0	0.469	6.421	78.9	4.9671	2	242	17.8	9.14
2	0.02729	0.0	7.07	0	0.469	7.185	61.1	4.9671	2	242	17.8	4.03
3	0.03237	0.0	2.18	0	0.458	6.998	45.8	6.0622	3	222	18.7	2.94
4	0.06905	0.0	2.18	0	0.458	7.147	54.2	6.0622	3	222	18.7	5.33
...	...	...	...	...	...	...	...	...	...	...	...	...
501	0.06263	0.0	11.93	0	0.573	6.593	69.1	2.4786	1	273	21.0	9.67
502	0.04527	0.0	11.93	0	0.573	6.120	76.7	2.2875	1	273	21.0	9.08
503	0.06076	0.0	11.93	0	0.573	6.976	91.0	2.1675	1	273	21.0	5.64
504	0.10959	0.0	11.93	0	0.573	6.794	89.3	2.3889	1	273	21.0	6.48
505	0.04741	0.0	11.93	0	0.573	6.030	80.8	2.5050	1	273	21.0	7.88

506 rows × 12 columns

그림 6.5 보스턴 주택 데이터셋의 일부 샘플

가격을 추정하기 위해 구조화된 데이터 회귀 모델을 만든다.

이 예제의 노트북은 https://github.com/PacktPublishing/Automated-Machine-Learning-with-AutoKeras/blob/main/Chapter06/Chapter6_HousingPricePredictor.ipynb에서 찾을 수 있다.

노트북의 관련 코드 셀을 자세히 설명하겠다.

- **보스턴 주택 데이터셋 가져오기**: 학습 전에 주택 가격(중앙값)을 포함한 각 교외의 피처가 포함된 데이터셋을 다운로드해야 한다.

```
from sklearn.model_selection import train_test_split
df = pd.read_csv("https://raw.githubusercontent.com/PacktPublishing/
Automated-Machine-Learning-with-AutoKeras/main/boston.csv")
y = df.pop('MEDV')
X = df
train_data, test_data, train_targets, test_targets = train_test_split
(X,y,test_size=0.2)
```

- **데이터 전처리**: 데이터셋이 패키지이므로 **MEDV**(중앙값 열)를 예측값으로 사용해 학습 및 테스트 세트를 생성한다. 일부 열은 모델에 제공되기 전에 전처리한다. 오토케라스는 이러한 열을 자동으로 전처리해서 연속값(0과 1 사이의 값)으로 정규화를 수행하고 이산값으로 분류(원핫 인코딩)한다. 나중에 모델 아키텍처에서 전처리를 위해 생성한 데이터 전처리 블록을 볼 수 있다.

구조 데이터 회귀 분석 모델 만들기

피처 집합에서 가격을 예측해야 하고, 이 가격이 스칼라값이기 때문에 집합 x를 구조화된 데이터셋(CSV 파일 이름, 넘파이 배열, 판다스 데이터프레임 또는 텐서플로 데이터셋)으로 설정하고, y를 레이블 데이터셋(입력 세트와 동일한 형식의 1열 세트 또는 입력 데이터가 CSV 파일에서 가져온 경우 대상 열 이름)으로 지정한다.

데이터셋이 작고 학습 시간이 다른 예제보다 빠르므로 max_trials를 20으로 설정하고 epochs 매개변수를 50으로 설정한다.

```
reg = ak.StructuredDataRegressor(
    max_trials=20,
    overwrite=True,
    metrics=['mae']
)
```

회귀 모델의 경우 오토케라스는 **평균 제곱 오차**MSE를 기본 손실로 사용한다. 이전 장에서 설명했듯이 평균 제곱 오차는 예측값과 목푯값 차이의 제곱이다. 그러나 이 예의 경우 학습 중에 **평균 절대 오차**MAE, Mean Absolute Error와 같은 추가 정보를 제공하는 새로운 측정 항목도 사용하고 있다. MAE는 예측값과 목푯값 차이의 절댓값이다. 예를 들어, 이 문제에서 MAE가 1.5라면 예측이 평균 $1,500 차이가 난다는 뜻이다.

최상의 모델을 찾기 위해 학습 프로세스를 실행해보자.

```
reg.fit(
    train_data,
    train_targets,
    epochs=50,
)
```

그림 6.6은 위 코드의 출력 결과다.

```
Trial 20 Complete [00h 00m 20s]
val_loss: 5.636470317840576

Best val_loss So Far: 5.055739402770996
Total elapsed time: 00h 04m 12s
INFO:tensorflow:Oracle triggered exit
Epoch 1/50
13/13 [==============================] - 1s 21ms/step - loss: 491.6132 - mae: 21.0906
Epoch 2/50
13/13 [==============================] - 0s 20ms/step - loss: 240.6108 - mae: 14.7851
Epoch 3/50
13/13 [==============================] - 0s 20ms/step - loss: 108.5177 - mae: 9.4593
Epoch 4/50
13/13 [==============================] - 0s 27ms/step - loss: 41.2898 - mae: 5.3755
Epoch 5/50
13/13 [==============================] - 0s 20ms/step - loss: 16.2192 - mae: 3.0941
Epoch 6/50
13/13 [==============================] - 0s 21ms/step - loss: 11.1949 - mae: 2.5318
Epoch 7/50
13/13 [==============================] - 0s 21ms/step - loss: 8.6533 - mae: 2.2224
Epoch 8/50
13/13 [==============================] - 0s 20ms/step - loss: 7.6766 - mae: 2.1011
Epoch 9/50
13/13 [==============================] - 0s 19ms/step - loss: 6.6962 - mae: 1.9767
Epoch 10/50
13/13 [==============================] - 0s 20ms/step - loss: 7.2498 - mae: 2.0408
Epoch 11/50
13/13 [==============================] - 0s 20ms/step - loss: 6.1006 - mae: 1.9432
Epoch 12/50
13/13 [==============================] - 0s 19ms/step - loss: 5.7730 - mae: 1.8258
Epoch 13/50
13/13 [==============================] - 0s 19ms/step - loss: 5.9468 - mae: 1.8431
Epoch 14/50
13/13 [==============================] - 0s 20ms/step - loss: 5.3944 - mae: 1.7894
Epoch 15/50
13/13 [==============================] - 0s 20ms/step - loss: 6.5695 - mae: 1.9628
Epoch 16/50
13/13 [==============================] - 0s 20ms/step - loss: 6.0071 - mae: 1.8236
Epoch 17/50
13/13 [==============================] - 0s 19ms/step - loss: 6.0132 - mae: 1.9093
Epoch 18/50
13/13 [==============================] - 0s 19ms/step - loss: 7.1281 - mae: 1.9973
Epoch 19/50
13/13 [==============================] - 0s 19ms/step - loss: 5.5487 - mae: 1.8468
```

그림 6.6 보스턴 주택 가격 예측 모델 학습의 노트북 출력 결과

그림 6.6의 출력 결과에서 볼 수 있듯이 5분이 채 지나지 않아 최상의 검증 손실(MSE) 값이 5.05인 모델이 생성됐다. 이는 예측이 최종 점수에서 평균 2.24(5.05의 제곱근)로 끝났음을 의미한다. 차잇값은 $2,200 이상이다. 단 5분의 학습 시간에 비하면 나쁘지 않은 결과이니 테스트 데이터셋으로 평가해보자.

모델 평가

테스트 데이터셋으로 최종 모델을 평가할 준비가 됐다. 시작해보자.

```
reg.evaluate(test_data, test_targets)
```

다음은 위 코드의 출력 결과다.

```
4/4 [==============================] - 0s 5ms/step - loss: 13.9013 - mae:
2.4202
[13.901305198669434, 2.420168161392212]
```

새로운 측정 항목인 MAE를 살펴보자. MAE는 2.420이며, 우리의 예측이 평균적으로 $2,420 차이가 있음을 의미한다. 이 이 차이는 투자한 시간에 비하면 정말 좋은 예측 오차다. 더 많은 시도와 에포크를 사용해 오토케라스를 실행하면 더 나은 결과를 얻을 수 있다.

모델 시각화

이제 모델 내부에 무엇이 있는지 살펴보자.

```
keras_model = reg.export_model()
keras_model.summary()
```

그림 6.7은 이 코드의 출력 결과다.

```
Layer (type)                    Output Shape      Param #
=================================================================
input_1 (InputLayer)            [(None, 13)]       0

multi_category_encoding (Mul    (None, 13)         0

normalization (Normalization    (None, 13)         27

dense (Dense)                   (None, 128)        1792

batch_normalization (BatchNo    (None, 128)        512

re_lu (ReLU)                    (None, 128)        0

dense_1 (Dense)                 (None, 1024)       132096

batch_normalization_1 (Batch    (None, 1024)       4096

re_lu_1 (ReLU)                  (None, 1024)       0

regression_head_1 (Dense)       (None, 1)          1025
=================================================================
Total params: 139,548
Trainable params: 137,217
Non-trainable params: 2,331
```

그림 6.7 최상의 모델 아키텍처 요약

이전 분류 예에서와 같이 오토케라스는 이산값이 있는 열을 multi_category_encoding 블록을 통해 범주로 변환하고 정규화 블록을 사용해 연속값 열에 대해 정규화하는 전처리를 했다.

시각적으로 표현한 결과를 보자.

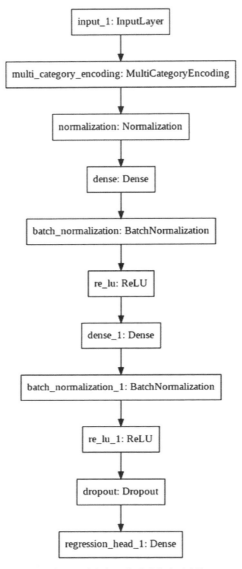

그림 6.8 최상의 모델 아키텍처 시각화

그림 6.8에서 모델의 다른 층을 좀 더 도식적으로 볼 수 있다. 이제 6장에서 배운 내용을 요약해보자.

⁙ 요약

6장에서는 구조화된 데이터의 정의 및 여러 범주, 그리고 다양한 구조화된 데이터 형식(판다스, CSV 파일 등)으로 오토케라스 모델에 공급하는 방법, 일부 판다스 함수를 사용해 테이블 형식의 데이터셋을 로드하고 탐색하는 방법을 배웠다.

마지막으로, 타이타닉 생존자를 예측하는 구조화된 강력한 데이터 분류 모델과 보스턴 주택 가격을 예측하는 구조화된 강력한 데이터의 회귀 모델을 만들어 이러한 개념을 적용해봤다.

이를 통해 오토케라스를 사용해 구조화된 데이터를 기반으로 문제를 해결하는 방법에 대한 기본 사항을 배웠다. 이러한 기술을 사용하면 모든 CSV 파일이 모델을 학습시킬 수 있는 데이터셋이 될 수 있다.

다음 장에서는 오토케라스를 사용해 텍스트에 대한 감정 분석을 수행하는 방법을 배울 것이다.

07

오토케라스를 사용한 감정 분석

감정 분석sentiment analysis이라는 특이한 용어를 정의하는 것부터 시작하자. 감정 분석은 텍스트 분류에서 널리 사용하는 용어이며 기본적으로 **머신러닝**과 함께 **자연어 처리**를 사용해 텍스트의 감정을 해석하고 분류하는 것이다.

감정 분석이라는 개념의 감을 잡기 위해 영화에 대한 리뷰가 긍정적인지 부정적인지 결정하는 작업을 상상해보자. 리뷰를 읽어본다면 직접 분류할 수 있을 것이다. 그러나 직장 상사가 영화 리뷰 1,000개 목록을 보내면 상황이 복잡해진다. 이런 상황에서 감정 분석은 관심을 가져볼 만한 옵션이 된다.

7장에서는 텍스트 분류 모델을 사용해 텍스트 데이터에서 감정을 추출한다. 대부분의 텍스트 분류 개념은 4장 '오토케라스를 사용한 이미지 분류 및 회귀'에서 이미 설명했으므로 7장에서는 감정 예측 모델을 구현해 적용해볼 것이다. 그러나 예측 모델을 구현하기 전에 작업을 시작하는 데 필요한 기술 요구사항을 살펴보자.

7장에서 다루는 내용은 다음과 같다.

- 감정 분석기 만들기

- 감정 예측 모델 만들기

- 모델 평가

- 모델 시각화

- 특정 문장의 감정 분석

⠿ 기술 요구사항

이 책의 모든 코딩 예제는 https://github.com/PacktPublishing/Automated-Machine-Learning-with-AutoKeras에서 다운로드할 수 있는 주피터 노트북으로 사용할 수 있다.

코드 셀을 실행할 수 있으므로 원하는 코드 스니펫을 추가해 각 노트북을 사용할 수 있다. 이러한 이유로 각 노트북의 시작 부분에는 오토케라스와 종속성을 설치하는 환경 설정을 위한 코드 셀이 있다.

코딩 예제를 실행하려면 운영체제로 우분투/리눅스가 있는 컴퓨터가 필요하며, 다음 명령줄을 사용해 주피터 노트북을 설치할 수 있다.

```
$ apt-get install python3-pip jupyter-notebook
```

또는 구글 코랩을 사용해 노트북 파일을 실행할 수도 있다. 이 경우 웹 브라우저만 있으면 된다. 자세한 내용은 2장의 '구글 코랩에서 오토케라스 사용하기' 절을 참고하라. 또한 '오토케라스 설치' 절에서 그 밖의 설치 옵션도 찾을 수 있다.

ꞏ:ꞏ 감정 분석기 만들기

7장에서 만들 모델은 IMDb 감정 데이터셋의 감정(1 = 긍정 / 0 = 부정)에 대한 이진 분류 모델이다. IMDb 감정 데이터셋은 학습용 영화 리뷰 25,000개와 테스트용 영화 리뷰 25,000개의 레이블이 지정된 감정 세트를 포함하는 이진 감정 분류용 데이터셋이다.

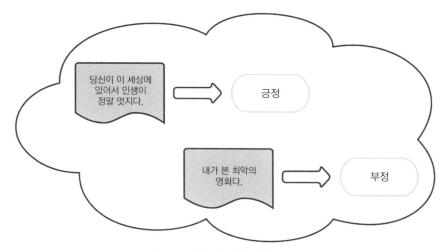

그림 7.1 두 샘플에 대한 감정 분석의 예

4장 '오토케라스를 사용한 이미지 분류 및 회귀'의 예제와 유사하게, 각 리뷰는 단어 인덱스(정수) 목록으로 인코딩된다. 편의상 단어는 데이터셋에서 전체 빈도로 색인화한다. 예를 들어, 정수 3은 데이터에서 세 번째로 자주 사용되는 단어를 인코딩한다.

전체 소스 코드가 포함된 노트북은 https://github.com/PacktPublishing/Automated-Machine-Learning-with-AutoKeras/blob/main/Chapter07/Chapter7_IMDB_sentiment_analysis.ipynb에서 찾을 수 있다.

이제 노트북의 관련 셀을 자세히 살펴보자.

- **오토케라스 설치**: 다른 예에서 언급했듯이 노트북 상단의 이 스니펫은 pip 패키지 관리자를 사용해 오토케라스 및 종속성을 설치하는 역할을 한다.

```
!pip3 install autokeras
```

- **필요한 패키지 가져오기**: 다음 줄은 텐서플로와 이 프로젝트에 필요한 종속성에 따라 내장된 케라스 로이터Keras Reuters 데이터셋, 넘파이, 오토케라스를 로드한다.

```
import tensorflow as tf
import numpy as np
import autokeras as ak
```

- **데이터셋 생성**: 먼저 imdb_sentiment_raw 함수로 IMDb 감정 데이터셋을 로드하고 전처리해야 한다. 자세한 내용은 노트북의 코드를 확인하자.

```
(x_train, y_train), (x_test, y_test) = imdb_sentiment_raw()
print(x_train.shape)  # (25000,)
print(y_train.shape)  # (25000, 1)
```

출력 결과는 다음과 같다.

```
(25000,)
(25000, 1)
```

- **일부 샘플 확인**: 다음으로 첫 번째 샘플에서 몇 가지 단어를 출력해 샘플에 포함된 내용을 알 수 있다.

```
print(x_train[0][:50])
```

출력 결과는 다음과 같다.

```
<START> vs from it as must exporters ability whole
```

이를 좀 더 명확하게 보기 위해 가장 자주 사용하는 단어로 워드 클라우드word cloud를 만들었다. 워드 클라우드(태그 클라우드tag cloud라고도 함)는 텍스트 기반 데이터 시각화 기술로, 단어를 텍스트에 나타나는 빈도에 따라 다양한 크기로 보여준다.

그림 7.2 데이터셋에서 가장 자주 사용되는 단어를 포함하는 워드 클라우드

이제 분류 모델을 만들 차례다.

감정 예측 모델 만들기

이제 오토케라스 TextClassifier를 사용해 최상의 분류 모델을 만들 것이다. 이 예를 위해 max_trials(시도할 다른 케라스 모델의 최대 수)를 2로 설정한다. epochs 매개변수는 설정할 필요 없다. 대신, 2개의 연속적인 에포크에서 검증 손실이 개선되지 않으면 학습 프로세스가 중지되도록 에포크의 EarlyStopping 콜백을 2로 정의해야 한다.

```
clf = ak.TextClassifier(max_trials=2)
cbs = [tf.keras.callbacks.EarlyStopping(patience=2)]
```

학습 프로세스를 실행하고 학습 데이터셋에 대한 최적의 분류 모델을 검색해보자.

```
clf.fit(x_train, y_train, callbacks=cbs)
```

출력 결과는 다음과 같다.

```
Trial 2 Complete [00h 02m 49s]
val_loss: 0.32017290592193604

Best val_loss So Far: 0.27246472239494324
Total elapsed time: 00h 09m 27s
INFO:tensorflow:Oracle triggered exit
Epoch 1/2
782/782 [==============================] - 117s 149ms/step - loss: 0.5567 - accuracy: 0.6677
Epoch 2/2
782/782 [==============================] - 117s 150ms/step - loss: 0.2624 - accuracy: 0.8939
INFO:tensorflow:Assets written to: ./text_classifier/best_model/assets
```

그림 7.3 텍스트 분류 모델 학습의 노트북 출력 결과

그림 7.3의 출력 결과는 학습 데이터셋의 정확도가 증가하고 있음을 보여준다.

보다시피 검증 세트에서 0.28의 손실이 발생했다. 단지 몇 분간의 학습으로 나쁘지 않은 결과가 나왔다. 검색을 두 가지 아키텍처로 제한했는데(max_trials = 2), 나머지 예와 마찬가지로 이 수를 늘리면 완료하는 데 시간이 더 오래 걸리더라도 더 정확한 모델을 얻을 수 있다.

모델 평가

이제 테스트 데이터셋으로 최상의 모델을 평가할 차례다.

```
clf.evaluate(x_test, y_test)
```

출력 결과는 다음과 같다.

```
782/782 [==============================] - 41s 52ms/step - loss: 0.3118 -
accuracy: 0.8724
[0.31183066964149475, 0.8723599910736084]
```

우리가 투자한 시간에 비하면 0.8724는 정말 좋은 최종 예측 정확도다.

모델 시각화

이제 가장 잘 생성한 모델에 대한 아키텍처 요약을 볼 수 있다.

```
model = clf.export_model()
model.summary()
```

출력 결과는 그림 7.4와 같다.

```
Model: "model"

Layer (type)                     Output Shape          Param #
=================================================================
input_1 (InputLayer)             [(None,)]             0

expand_last_dim (ExpandLastD     (None, 1)             0

text_vectorization (TextVect     (None, 512)           0

embedding (Embedding)            (None, 512, 64)       320064

dropout (Dropout)                (None, 512, 64)       0

conv1d (Conv1D)                  (None, 508, 256)      82176

global_max_pooling1d (Global     (None, 256)           0

dense (Dense)                    (None, 256)           65792

re_lu (ReLU)                     (None, 256)           0

dropout_1 (Dropout)              (None, 256)           0

dense_1 (Dense)                  (None, 1)             257

classification_head_1 (Activ     (None, 1)             0
=================================================================
Total params: 468,289
Trainable params: 468,289
Non-trainable params: 0
```

그림 7.4 최상의 모델 아키텍처 요약

오토케라스는 4장 '오토케라스를 사용한 이미지 분류 및 회귀'의 분류 예제에서 했던 것처럼 감성 분석 작업을 위해 합성곱 모델(Conv1D)을 선택했다. 7장의 시작 부분에서 설명했듯이 이러한 종류의 아키텍처는 입력 문장의 순서가 예측에 중요하지 않을 때 잘 작동한다. 다른 영화 리뷰 사이에는 상관관계가 없다.

이를 시각적으로 표현하면 그림 7.5와 같다.

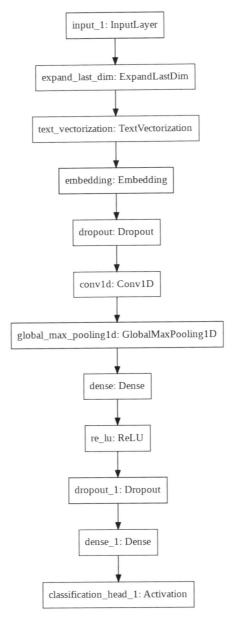

그림 7.5 최상의 모델 아키텍처 시각화 그래프

이미 알고 있듯이 모델을 생성하고 가장 좋은 모델을 선택하는 것은 오토케라스에서 자동으로 수행하지만, 이러한 블록에 대해 더 자세히 설명하겠다.

각 블록은 계층을 나타내며, 첫 번째 블록(입력이 텍스트)과 마지막 블록(출력이 예측 숫자)을 제외하고 각 블록의 출력은 다음 입력에 연결된다. Conv1D 이전의 블록은 모두 데이터 전처리 블록이며, 이 Conv1D 블록을 공급하기 위해 임베딩을 생성하는 텍스트를 벡터화하고 최대 풀링 층을 통해 필터의 차원을 줄이는 역할을 한다. 오토케라스는 과적합을 줄이기 위해 여러 드롭아웃 블록도 추가했다.

⠿ 특정 문장의 감정 분석

이제 테스트 세트에서 예측된 샘플을 살펴보자.

```
import tensorflow as tf
tf.get_logger().setLevel('ERROR')
def get_sentiment(val):
    return "Positive" if val == 1 else "Negative"
for i in range(10):
    print(x_test[i])
    print("label: %s, prediction: %s" % (get_sentiment(y_test[i][0]),
get_sentiment(clf.predict(x_test[i:i+1])[0][0])))
```

그림 7.6은 위 코드의 출력 결과다.

```
<START> please give this one a miss br br kristy swanson and the rest of the cast rendered terrible performances the show i
s flat flat flat br br i don't know how michael madison could have allowed this one on his plate he almost seemed to know t
his wasn't going to work out and his performance was quite lacklustre so all you madison fans give this a miss
label: Negative, prediction: Negative
<START> this film requires a lot of patience because it focuses on mood and character development the plot is very simple a
nd many of the scenes take place on the same set in frances austen's the sandy dennis character apartment but the film buil
ds to a disturbing climax br br the characters create an atmosphere rife with sexual tension and psychological trickery it'
s very interesting that robert altman directed this considering the style and structure of his other films still the tradem
ark altman audio style is evident here and there i think what really makes this film work is the brilliant performance by s
andy dennis it's definitely one of her darker characters but she plays it so perfectly and convincingly that it's scary mic
hael burns does a good job as the mute young man regular altman player michael murphy has a small part the <UNK> moody set
fits the content of the story very well in short this movie is a powerful study of loneliness sexual repression and despera
tion be patient <UNK> up the atmosphere and pay attention to the wonderfully written script br br i praise robert altman th
is is one of his many films that deals with unconventional fascinating subject matter this film is disturbing but it's sinc
ere and it's sure to elicit a strong emotional response from the viewer if you want to see an unusual film some might even
say bizarre this is worth the time br br unfortunately it's very difficult to find in video stores you may have to buy it o
ff the internet
label: Positive, prediction: Positive
<START> many animation buffs consider <UNK> <UNK> the great forgotten genius of one special branch of the art puppet animat
ion which he invented almost single handedly and as it happened almost accidentally as a young man <UNK> was more intereste
d in <UNK> than the cinema but his unsuccessful attempt to film two <UNK> beetles fighting led to an unexpected breakthroug
h in film making when he realized he could simulate movement by manipulating beetle <UNK> and photographing them one frame
at a time this discovery led to the production of amazingly elaborate classic short the <UNK> revenge which he made in russ
ia in 1912 at a time when motion picture animation of all sorts was in its infancy br br the political <UNK> of the russian
revolution caused <UNK> to move to paris where one of his first productions coincidentally was a dark political satire <UNK
> known as <UNK> or the frogs who wanted a king a strain of black comedy can be found in almost all of films but here it is
very dark indeed aimed more at grown ups who can appreciate the satirical aspects than children who would most likely find
the climax upsetting i'm middle aged and found it pretty upsetting myself and indeed prints of the film intended for englis
h speaking viewers of the 1920s were given title cards filled with puns and quips in order to help soften the sharp sting o
f the finale br br our tale is set in a swamp the <UNK> <UNK> where the citizens are unhappy with their government and have
called a special session to see what they can do to improve matters they decide to <UNK> <UNK> for a king the crowds are im
pressively animated in this opening sequence it couldn't have been easy to make so many frog puppets look alive simultaneou
sly while <UNK> for his part is depicted as a droll white bearded guy in the clouds who looks like he'd rather be taking a
nap when <UNK> sends them a tree like god who regards them the frogs decide that this is no improvement and demand a differ
ent king irritated <UNK> sends them a <UNK> br br delighted with this formidable looking new king who towers above them the
frogs welcome him with a <UNK> of <UNK> dressed <UNK> the mayor steps forward to hand him the key to the <UNK> as newsreel
cameras record the event to everyone's horror the <UNK> promptly eats the mayor and then goes on a merry rampage <UNK> citi
zens at random a title card <UNK> reads news of the king's appetite throughout the kingdom when the now terrified frogs onc
e more <UNK> <UNK> for help he loses his temper and showers their community with lightning bolts the moral of our story del
ivered by a hapless frog just before he is eaten is let well enough alone br br considering the time period when this start
ling little film was made and considering the fact that it was made by a russian <UNK> at the height of that beleaguered co
untry's civil war it would be easy to see this as a parable about those events <UNK> may or may not have had <UNK> turmoil
in mind when he made <UNK> but whatever prompted his choice of material the film stands as a cautionary tale of universal a
pplication <UNK> could be the soviet union italy germany or japan in the 1930s or any country of any era that lets its guar
d down and is overwhelmed by tyranny it's a fascinating film even a charming one in its macabre way but its message is no j
oke
label: Positive, prediction: Positive
```

그림 7.6 테스트 데이터셋의 처음 10개 문장의 예측 결과

보다시피 모델 예측은 테스트 데이터셋의 처음 10개 샘플에 대한 모든 레이블과 일치한다.

⁝⁝⁝ 요약

7장에서는 실제 세계에서 감정 분석의 중요성을 알아보고, 텍스트 데이터에서 감정을 추출하는 방법과 몇 줄의 코드로 감정 예측기를 구현하는 방법을 배웠다.

다음 장에서는 매우 흥미로운 주제를 다룬다. 오토케라스로 텍스트 분류 모델을 만들고 내용을 기반으로 뉴스 주제를 분류할 것이다.

08

오토케라스를 사용한 주제 분류

때로는 제품이나 영화 리뷰 같은 특정 텍스트에 태그나 주제를 할당해 하나 이상의 범주로 분류해야 한다. 주제 분류는 주어진 텍스트가 속하는 범주를 예측하는 작업을 정확히 수행하는 지도 학습 기술이다. 지도 모델supervised model이기 때문에 이미 분류한 학습 데이터셋과 각 데이터가 속한 텍스트 및 범주로 학습시킬 필요가 있다.

8장은 7장에서 텍스트 기반 작업의 기초를 마련했기 때문에 주로 실용적인 부분을 다룬다. 8장의 끝에서 오토케라스로 주제 분류 모델을 만드는 방법과 주제 또는 범주 기반 데이터셋에 적용하는 방법을 배우게 될 것이다.

8장에서 다루는 내용은 다음과 같다.

- 주제 분류 이해하기

- 주제 분류 모델 만들기

- 모델 검색 공간 사용자 정의

먼저 8장의 기술 요구사항을 살펴보자.

⸬ 기술 요구사항

이 책의 모든 코딩 예제는 https://github.com/PacktPublishing/Automated-Machine-Learning-with-AutoKeras에서 다운로드할 수 있는 주피터 노트북으로 사용할 수 있다.

코드 셀을 실행할 수 있으므로 원하는 코드 스니펫을 추가해 각 노트북을 사용할 수 있다. 이러한 이유로 각 노트북의 시작 부분에는 오토케라스와 종속성을 설치하는 환경 설정을 위한 코드 셀이 있다.

코딩 예제를 실행하려면 운영체제로 우분투/리눅스가 있는 컴퓨터가 필요하며, 다음 명령줄을 사용해 주피터 노트북을 설치할 수 있다.

```
$ apt-get install python3-pip jupyter-notebook
```

또는 구글 코랩을 사용해 노트북 파일을 실행할 수도 있다. 이 경우 웹 브라우저만 있으면 된다. 자세한 내용은 2장 '구글 코랩에서 오토케라스 사용하기' 절을 참고하라. 또한 '오토케라스 설치' 절에서 그 밖의 설치 옵션도 찾을 수 있다.

이제 실용적인 예를 보면서 배운 내용을 실제로 적용해보자.

⸬ 주제 분류 이해하기

5장에서 오토케라스를 사용한 텍스트 분류 및 회귀에서 스팸 분류 모델이라는 주제 분류의 작은 예를 봤다. 이 경우 이메일 내용에서 범주(스팸/스팸 없음)를 예측했다. 이 절에서는 유사한 텍스트 분류 모델을 사용해 해당 주제의 각 기사를 분류한다. 이를 통해 각 뉴스 항목에 해당하는 주제(범주)를 결정하는 모델을 얻을 수 있다.

166

예를 들어, 우리가 만든 모델에 다음과 같은 제목을 입력했다고 가정해보자.

"토네이도가 발생해 경기를 할 수 없다."

그림 8.1과 같이 날씨 및 스포츠 주제가 출력된다.

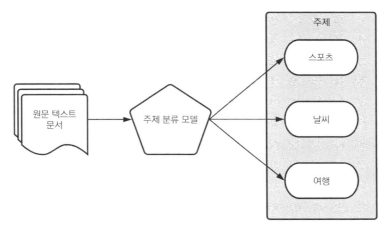

그림 8.1 뉴스 주제 분류 모델의 워크플로

이 다이어그램은 주제 분류 모델 파이프라인의 단순화한 버전을 보여준다. 원시 텍스트는 분류 모델에 의해 처리되고 출력 결과는 하나 이상의 범주가 된다.

8장의 뒷부분에서 로이터 뉴스와이어 데이터셋에 텍스트 분류 모델을 적용해 모든 기사를 46개 범주 중 하나 이상으로 분류한다. 대부분의 텍스트 분류 개념은 5장 '오토케라스를 사용한 텍스트 분류 및 회귀'에서 이미 설명했으므로 8장에서는 주제 분류 모델을 구현하여 실용적인 방법으로 그중 일부를 간단히 만들어볼 것이다.

⠿ 뉴스 주제 분류 모델 만들기

우리가 만들 모델은 로이터 뉴스와이어 분류 데이터셋에서 뉴스를 분류한다. 각 뉴스의 원문 텍스트를 읽고 해당 항목이 속한 섹션(스포츠, 날씨, 여행 등)에 해당하는 레이블을 할당해 섹션으로 분류한다.

로이터 뉴스와이어는 46개 이상의 주제로 분류된 로이터의 11,228개 뉴스를 포함하는 데이터셋이다.

각 뉴스의 텍스트는 단어 색인 목록으로 인코딩된다. 데이터셋에서 빈도로 색인화된 정수다. 따라서 여기서 정수 1은 데이터에서 가장 자주 사용되는 첫 번째 단어를 인코딩하고, 2는 두 번째로 자주 사용되는 단어를 인코딩하는 식이다.

전체 소스 코드가 포함된 노트북은 https://github.com/PacktPublishing/Automated-Machine-Learning-with-AutoKeras/blob/main/Chapter08/Chapter8_Reuters.ipynb에서 찾을 수 있다.

이제 노트북의 관련 셀을 자세히 살펴보자.

- **오토케라스 설치**: 7장에서 언급했듯이 노트북 상단의 이 스니펫은 pip 패키지 관리자를 사용해 오토케라스 및 종속성을 설치하는 역할을 한다.

```
!pip3 install autokeras
```

- **필요한 패키지 가져오기**: 다음 행은 이 프로젝트에 필요한 종속성으로 넘파이 및 오토케라스뿐만 아니라 내장된 케라스 로이터 데이터셋을 포함하는 텐서플로를 메모리에 로드한다.

```
import tensorflow as tf
from tensorflow.keras.datasets import reuters
import numpy as np
import autokeras as ak
```

- **데이터셋 생성**: 먼저 reuters_raw 함수를 사용해 로이터 뉴스와이어 데이터셋을 로드하고 전처리해야 한다. 자세한 내용은 노트북의 코드를 확인하자.

```
(x_train, y_train), (x_test, y_test) = reuters_raw()
print(x_train.shape)  # (8982,)
print(y_train.shape)  # (8982, 1)
```

다음은 이 코드의 출력 결과다.

```
Downloading data from https://storage.googleapis.com/tensorflow/
tf-keras-datasets/reuters.npz
2113536/2110848 [==============================] - 0s 0us/step
Downloading data from https://storage.googleapis.com/tensorflow/
tf-keras-datasets/reuters_word_index.json
557056/550378 [==============================] - 0s 0us/step
(8982,)
(8982, 1)
```

- **데이터셋 샘플 시각화**: 다음으로 첫 번째 샘플의 일부 단어를 출력하여 포함된 내용을 파악할 수 있다.

```
print(x_train[0][:50])
```

다음은 위 코드의 출력 결과다.

```
<START> <UNK> <UNK> said as a result of its decemb
```

워드 클라우드에서 가장 자주 등장하는 단어의 분포를 살펴보자. 워드 클라우드는 단어를 텍스트에 나타나는 빈도에 따라 다양한 크기로 표시하는 텍스트 기반 데이터 시각화 기술이다.

그림 8.2 뉴스와이어 데이터셋의 워드 클라우드

이제 뉴스와이어 분류 모델을 생성해보자.

분류 모델 만들기

이제 오토케라스 TextClassifier를 사용해 최상의 분류 모델을 찾을 것이다. 이 예에서 max_trials(시도할 다른 케라스 모델의 최대 수)를 2로 설정한다. epochs 매개변수는 설정하지 않는다. 대신 에포크의 EarlyStopping 콜백을 2로 정의한다. 2개의 연속 에포크에서 검증 손실이 개선되지 않으면 학습 프로세스가 중지되도록 작업을 수행한다.

```
clf = ak.TextClassifier(max_trials=2)
cbs = [tf.keras.callbacks.EarlyStopping(patience=2)]
```

학습 데이터셋에 대한 최적의 분류 모델을 검색하기 위해 학습 프로세스를 실행해보자.

```
clf.fit(x_train, y_train, callbacks=cbs)
```

출력 결과는 그림 8.3과 같다.

```
Trial 2 Complete [00h 00m 41s]
val_loss: 1.1574714183807373

Best val_loss So Far: 0.9651017189025879
Total elapsed time: 00h 01m 20s
INFO:tensorflow:Oracle triggered exit
Epoch 1/6
281/281 [==============================] - 5s 16ms/step - loss: 2.4081 - accuracy: 0.4190
Epoch 2/6
281/281 [==============================] - 4s 15ms/step - loss: 1.4365 - accuracy: 0.6616
Epoch 3/6
281/281 [==============================] - 4s 15ms/step - loss: 1.1436 - accuracy: 0.7245
Epoch 4/6
281/281 [==============================] - 4s 15ms/step - loss: 0.9179 - accuracy: 0.7780
Epoch 5/6
281/281 [==============================] - 4s 15ms/step - loss: 0.7517 - accuracy: 0.8181
Epoch 6/6
281/281 [==============================] - 4s 15ms/step - loss: 0.6245 - accuracy: 0.8425
INFO:tensorflow:Assets written to: ./text_classifier/best_model/assets
```

그림 8.3 텍스트 분류 모델 학습의 노트북 출력 결과

이 출력 결과는 데이터셋의 정확도가 증가하고 있음을 보여준다.

보다시피 검증 세트에서 0.965 손실값을 달성했다. 이것은 단 1분의 학습을 통해 얻은 정말 좋은 수치다. 검색을 두 가지 아키텍처로 제한했는데(max_trials = 2), 이 숫자를 늘리면 완료하는 데 시간이 더 오래 걸리더라도 더 정확한 모델을 얻을 수 있다.

모델 평가

이제 테스트 데이터셋으로 최상의 모델을 평가할 차례다.

```
Clf.evaluate(x_test, y_test)
```

출력 결과는 다음과 같다.

```
71/71 [==============================] - 1s 7ms/step - loss: 0.9743 -
accuracy: 0.7778
[0.9742580652236938, 0.777827262878418]
```

보다시피, 0.77(77%)은 우리가 투자한 학습 시간(2분 미만)에 비하면 좋은 최종 예측 점수다.

모델 시각화

이제 가장 잘 생성된 모델의 아키텍처에 대한 간략한 요약을 살펴보자.

```
Model = clf.export_model()
model.summary()
```

출력 결과는 그림 8.4와 같다.

```
Layer (type)                    Output Shape          Param #
=================================================================
input_1 (InputLayer)            [(None,)]              0

expand_last_dim (ExpandLastD    (None, 1)              0

text_vectorization (TextVect    (None, 512)            0

embedding (Embedding)           (None, 512, 64)        320064

dropout (Dropout)               (None, 512, 64)        0

conv1d (Conv1D)                 (None, 508, 256)       82176

global_max_pooling1d (Global    (None, 256)            0

dense (Dense)                   (None, 256)            65792

re_lu (ReLU)                    (None, 256)            0

dropout_1 (Dropout)             (None, 256)            0

dense_1 (Dense)                 (None, 46)             11822

classification_head_1 (Softm    (None, 46)             0
=================================================================
Total params: 479,854
Trainable params: 479,854
Non-trainable params: 0
```

그림 8.4 최상의 모델 아키텍처 요약

보다시피, 오토케라스는 이 작업을 수행하기 위해 합성곱 모델(Conv1D)을 선택했다. 8장의 시작 부분에서 설명했듯이 이러한 종류의 아키텍처는 시퀀스의 요소 순서가 예측에 중요하지 않을 때 잘 작동한다.

모델의 아키텍처를 시각적으로 표현하면 그림 8.5와 같다.

이미 알고 있듯이 모델을 생성하고 가장 좋은 것을 선택하는 것은 오토케라스가 자동으로 수행하지만, 이러한 블록에 대해 더 자세히 설명하겠다.

각 블록은 계층을 나타내며, 첫 번째 블록(입력이 텍스트)과 마지막 블록(출력이 예측 숫자)을 제외하고 각 블록의 출력은 다음 입력에 연결된다. Conv1D 이전의 블록은 모두 데이터 전처리 블록이며, 이 Conv1D 블록을 공급하기 위해 텍스트 생성 임베딩을 벡터화하고 최대 풀링 층을 통해 필터의 차원을 줄이는 역할을 한다. 오토케라스는 과적합을 줄이기 위해 여러 드롭아웃 블록도 추가했다.

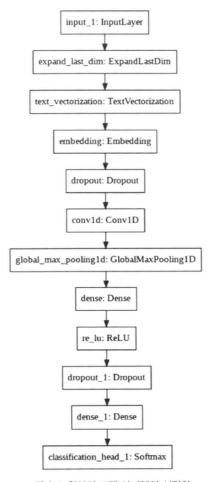

그림 8.5 최상의 모델 아키텍처 시각화

모델 검색 공간 사용자 정의

예를 들어, 일부 특정 구성에 대해 TextBlock을 사용해 TextClassifier 대신 AutoModel로 검색 공간을 제한하도록 모델의 검색을 사용자가 정의할 수 있다.

다음 코드 스니펫에서는 오토케라스로 ngram을 사용해 문장을 벡터화하는 모델만 생성한다. 어떠한 인수도 지정하지 않으면 오토케라스는 숫자가 max_trial 매개변수에 도달할 때까지 가능한 모든 조합을 자동으로 시도한다는 것을 기억하자.

```
input_node = ak.TextInput()
output_node = ak.TextBlock(block_type="ngram")(input_node)
output_node = ak.ClassificationHead()(output_node)
clf = ak.AutoModel(inputs=input_node,
                   outputs=output_node, overwrite=True,
                   max_trials=1)
clf.fit(x_train, y_train, epochs=2)
```

이제 8장에서 배운 내용을 요약해보자.

⁝⁝⁝ 요약

8장에서는 몇 줄의 코드로 뉴스 기사를 분류하는 고성능 텍스트 분류 모델을 구현해 주제 분류 작업을 해결하는 방법을 배웠다.

이제 텍스트 작업을 위한 토대를 마련했으므로 다음 장으로 넘어갈 준비가 됐다. 다음 장에서는 오토케라스를 사용해 다중 모드^{multimodal} 및 다중 작업^{multitasking} 데이터를 처리하는 방법을 배울 것이다.

3부

고급 오토케라스

3부에서는 다중 모드 및 다중 작업 데이터, 오토모델AutoModel로 모델 사용자 정의, 모델 내보내기/배포, 오토케라스 확장 기능 사용을 포함한 오토케라스 고급 개념에 대해 배운다.

3부의 구성은 다음과 같다.

- **9장** 다중 모드 및 다중 작업 데이터
- **10장** 모델 내보내기 및 시각화

09

다중 모드 및 다중 작업 데이터

9장에서는 오토모델AutoModel API를 사용해 다중 모드multimodal 및 다중 작업multitasking 데이터를 처리하는 방법을 배운다.

9장의 끝부분에서 다중 입력 및 다중 출력이 있는 모델을 만드는 데 필요한 개념과 도구를 사용하는 방법을 배울 것이다. 처음부터 모델을 생성하거나 9장에 표시된 실제 예제를 유사한 다른 데이터셋에 적용해 다중 모드 및 다중 작업의 개념을 자신의 프로젝트에 적용할 수 있다.

9장에서 다루는 내용은 다음과 같다.

- 다중 입력 또는 출력이 있는 모델 탐색

- 다중 모드 / 다중 작업 모델 생성

- 검색 공간 사용자 정의

그럼 먼저 9장의 기술 요구사항을 설명하겠다.

⋙ 기술 요구사항

이 책의 모든 코딩 예제는 https://github.com/PacktPublishing/Automated-Machine-Learning-with-AutoKeras에서 다운로드할 수 있는 주피터 노트북으로 사용할 수 있다.

코드 셀을 실행할 수 있으므로 원하는 코드 스니펫을 추가해 각 노트북을 사용할 수 있다. 이러한 이유로 각 노트북의 시작 부분에는 오토케라스와 종속성을 설치하는 환경 설정을 위한 코드 셀이 있다.

코딩 예제를 실행하려면 운영체제로 우분투/리눅스가 있는 컴퓨터가 필요하며, 다음 명령줄을 사용해 주피터 노트북을 설치할 수 있다.

```
$ apt-get install python3-pip jupyter-notebook
```

또는 구글 코랩을 사용해 노트북 파일을 실행할 수도 있다. 이 경우 웹 브라우저만 있으면 된다. 자세한 내용은 2장의 '구글 코랩에서 오토케라스 사용하기' 절을 참고하라. 또한 '오토케라스 설치' 절에서 그 밖의 설치 옵션도 찾을 수 있다.

이제 실용적인 예를 보면서 배운 내용을 실제로 적용해보자.

⋙ 다중 입력 또는 출력이 있는 모델 탐색

나중에 보게 되겠지만, 모델이 다른 소스의 정보를 이용(다중 모드)하고 동시에 여러 대상을 예측(다중 작업)하는 것이 흥미로울 수 있다. 오토케라스에는 여러 소스와 대상을 매개변수 목록으로 정의할 수 있는 **오토모델**[AutoModel]이라는 클래스가 있다. 실제 예를 보기 전에 이에 대해 좀 더 자세히 살펴보자.

오토모델이란 무엇인가?

오토모델은 입력과 출력뿐만 아니라 중간 층도 정의해 세분화된 방식으로 모델을 정의할 수 있는 클래스다.

두 가지 방법으로 사용할 수 있다.

- **기본**: 입력/출력 노드가 지정되고 오토모델이 모델의 나머지 부분을 추론한다.
- **고급**: 계층(블록)을 케라스 API와 동일한 API로 연결해 고수준 아키텍처를 정의한다.

각각의 예를 살펴보자.

기본 예제

사용자는 입력 노드와 출력 헤드만 지정한다.

```
import autokeras as ak
ak.AutoModel(
    inputs=[ak.ImageInput(), ak.TextInput()],
    outputs[ak.ClassificationHead(), ak.RegressionHead()])
```

다음으로 고급 예제를 살펴보자.

고급 예제

사용자는 상위 수준 아키텍처를 지정한다.

```
import autokeras as ak
image_input = ak.ImageInput()
image_output = ak.ImageBlock()(image_input)
text_input = ak.TextInput()
text_output = ak.TextBlock()(text_input)
output = ak.Merge()([image_output, text_output])
classification_output = ak.ClassificationHead()(output)
regression_output = ak.RegressionHead()(output)
ak.AutoModel(
    inputs=[image_input, text_input],
    outputs=[classification_output, regression_output])
```

이 코드에서는 여러 입력(다중 모드)과 여러 출력(다중 작업)이 있는 모델을 생성하도록 오토모델을 구성했다. 다음으로 다중 모드와 다중 작업의 개념을 설명하고 자체 다중 모델을 만들어 실제로 작동하는 모습을 볼 것이다.

다중 모드란 무엇인가?

각 데이터 인스턴스에 여러 형식의 정보가 포함되어 있는 데이터를 다중 모드라고 한다. 예를 들어, 사진을 이미지로 저장할 때는 해당 이미지 외에 사진을 찍은 위치에 대한 메타 정보도 포함돼 있다. 이 메타 정보는 구조화된 데이터로 취급할 수 있다.

다중 작업이란 무엇인가?

동일한 입력 피처를 가진 여러 대상을 예측하는 모델을 다중 작업이라고 한다. 예를 들어, 사람들의 사진을 인종별로 분류하는 동시에 나이를 0에서 100 사이의 숫자로 분류한다고 가정해보자.

그림 9.1은 다중 모드 및 다중 작업 신경망 모델의 예를 보여준다.

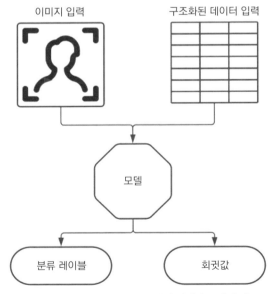

그림 9.1 다중 모드 및 다중 작업 신경망 모델의 예

여기에서 **이미지**image와 **구조화된 데이터**structured data라는 두 항목이 있다. 각 이미지는 구조화된 데이터의 속성 집합과 연결된다. 이 데이터에서 **분류 레이블**classification label과 **회귓값**regression value을 동시에 예측할 수 있다.

실제 예를 통해 이러한 개념을 더 자세히 살펴보자.

⁝⁞ 다중 모드 / 다중 작업 모델 생성

9장의 시작 부분에 제공된 예제를 기반으로 만들 모델은 이미지와 구조화된 데이터 속성을 입력으로 사용하고 범줏값과 스칼라값을 예측한다. 이 경우 데이터셋을 사용하는 대신 자체 데이터를 생성할 것이다. 전체 소스가 포함된 노트북 코드는 https://github.com/PacktPublishing/Automated-Machine-Learning-with-AutoKeras/blob/main/Chapter09/Chapter9_MultiModel.ipynb에서 찾을 수 있다.

이제 노트북의 관련 셀을 자세히 살펴보자.

- **오토케라스 설치**: 이전 장에서 언급했듯이 노트북 상단의 이 스니펫은 pip 패키지 관리자를 사용해 오토케라스 및 종속성을 설치하는 역할을 한다.

  ```
  !pip3 install autokeras
  ```

- **필요한 패키지 가져오기**: 다음 줄은 텐서플로, 내장 케라스 로이터 데이터셋, 넘파이, 오토케라스를 이 프로젝트에 필요한 종속성으로 로드한다.

  ```
  import numpy as np
  import autokeras as ak
  ```

- **데이터셋 생성**: 먼저 랜덤 이미지와 구조화된 데이터를 다중 모드 데이터로 만들어 데이터셋을 생성한다.

```
import numpy as npnum_instances = 100
image_data = np.random.rand(num_instances, 32, 32, 3).astype(np.float32)
structured_data = np.random.rand(num_instances, 20).astype(np.float32)
```

이제 분류 및 회귀를 위한 몇 가지 다중 작업 대상을 생성한다.

```
regression_target = np.random.rand(num_instances, 1).astype(np.float32)
classification_target = np.random.randint(5, size=num_instances)
```

이제 모델을 만들 차례다.

모델 생성

이제 기본 구성에서 먼저 오토모델로 모델을 만든 다음 고급 구성에서 모델을 생성한다. 이전 예에서와 같이 학습 프로세스가 너무 오래 걸리지 않도록 max_trials 및 epochs를 작은 수로 설정한다.

먼저, 여러 입력 및 출력으로 모델을 초기화한다.

```
model = ak.AutoModel(
    inputs=[ak.ImageInput(), ak.StructuredDataInput()],
    outputs=[
        ak.RegressionHead(metrics=['mae']),
        ak.ClassificationHead(loss='categorical_crossentropy',
metrics=['accuracy'])
    ],
    overwrite=True,
    max_trials=2)
```

이 코드에서 2개의 입력(이미지 및 구조화된 데이터)과 2개의 출력(회귀 및 분류)을 정의했다. 여기서 우리는 회귀 모델과 분류 모델을 동시에 사용해 입력 데이터를 학습하고 싶다고 모델에게 말하고 있다.

이제 학습 데이터셋에 대한 최적의 모델을 검색하기 위해 학습 프로세스를 실행해보자.

```
model.fit(
    [image_data, structured_data],
    [regression_target, classification_target],
    epochs=3)
```

출력 결과는 그림 9.2와 같다.

```
Trial 2 Complete [00h 00m 33s]
val_loss: 64.71123504638672

Best val_loss So Far: 1.745060920715332
Total elapsed time: 00h 01m 13s
INFO:tensorflow:Oracle triggered exit
Epoch 1/3
4/4 [==============================] - 14s 2s/step - loss: 7.9336 - regression_head_1_loss: 5.0938 - classification_head_1_l
oss: 2.8398 - regression_head_1_mae: 1.7439 - classification_head_1_accuracy: 0.2182
Epoch 2/3
4/4 [==============================] - 7s 2s/step - loss: 21.9110 - regression_head_1_loss: 18.8206 - classification_head_1_
loss: 3.0904 - regression_head_1_mae: 3.5696 - classification_head_1_accuracy: 0.3035
Epoch 3/3
4/4 [==============================] - 7s 2s/step - loss: 31.7302 - regression_head_1_loss: 28.6634 - classification_head_1_
loss: 3.0668 - regression_head_1_mae: 4.1861 - classification_head_1_accuracy: 0.2071
INFO:tensorflow:Assets written to: ./auto_model/best_model/assets
```

그림 9.2 모델 학습의 노트북 출력 결과

이전 예와 달리 여기서는 출력 결과에 2개의 손실이 있음을 알 수 있다. 하나는 회귀 모델에 대한 것이고 다른 하나는 분류 모델에 대한 것이다. 이 경우 데이터가 무작위로 생성되므로 성능을 평가하는 의미가 없다.

모델 시각화

이제 가장 잘 생성된 모델의 아키텍처에 대한 간략한 요약을 살펴보자.

```
keras_model = model.export_model()
keras_model.summary()
```

출력 결과는 그림 9.3과 같다.

```
Model: "model"

Layer (type)                    Output Shape            Param #      Connected to
==================================================================================
input_2 (InputLayer)            [(None, 20)]            0

multi_category_encoding (MultiC (None, 20)             0            input_2[0][0]

input_1 (InputLayer)            [(None, 32, 32, 3)]     0

dense (Dense)                   (None, 32)              672          multi_category_encoding[0][0]

cast_to_float32 (CastToFloat32) (None, 32, 32, 3)      0            input_1[0][0]

re_lu (ReLU)                    (None, 32)              0            dense[0][0]

resnet50 (Functional)           (None, 1, 1, 2048)     23587712     cast_to_float32[0][0]

dense_1 (Dense)                 (None, 16)              528          re_lu[0][0]

flatten (Flatten)               (None, 2048)           0            resnet50[0][0]

re_lu_1 (ReLU)                  (None, 16)             0            dense_1[0][0]

concatenate (Concatenate)       (None, 2064)           0            flatten[0][0]
                                                                    re_lu_1[0][0]

dense_2 (Dense)                 (None, 5)              10325        concatenate[0][0]

regression_head_1 (Dense)       (None, 1)             2065         concatenate[0][0]

classification_head_1 (Softmax) (None, 5)             0            dense_2[0][0]
==================================================================================
Total params: 23,601,302
Trainable params: 23,548,182
Non-trainable params: 53,120
```

그림 9.3 최상의 모델 아키텍처 요약

이 모델에 사용된 블록을 간단히 설명하겠다.

이 경우 오토케라스는 각 입력 데이터에 대해 하나씩 2개의 하위 모델을 생성한다. 이미지 데이터를 처리하기 위해 이미 4장 '오토케라스를 사용한 이미지 분류 및 회귀'에서 제시한 딥 잔차 네트워크 아키텍처(resnet50)를 선택하고 구조화된 데이터를 수집하기 위해 완전히 연결된 2개의 층을 선택했다. 두 데이터 소스를 요약한 후 두 하위 모델의 결과를 다시 연결 및 분리해 2개의 서로 다른 출력(스칼라값 및 범줏값)을 생성한다.

이를 시각적으로 표현하면 그림 9.4와 같다.

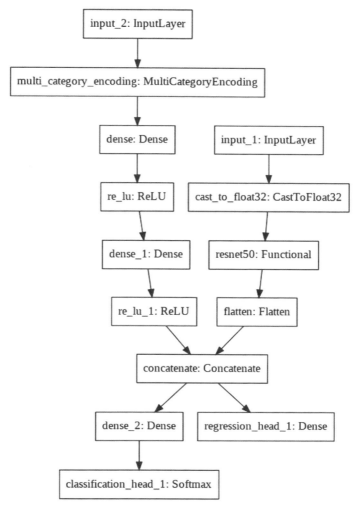

그림 9.4 최상의 모델 아키텍처 시각화

이제 고급 모드에서 오토모델을 사용해 중간 블록을 사용자 정의해보자.

검색 공간 사용자 정의

9장의 시작 부분에서 언급했듯이 오토모델을 사용하는 고급 방법이 있다. 케라스 API와 동일한 API로 계층(블록)을 연결해 전체 모델 아키텍처를 정의하여 수행할 수 있다.

다음 예에서 이 작업을 수행해보자.

```
import autokeras as ak

input_node1 = ak.ImageInput()
output_node = ak.Normalization()(input_node1)
output_node = ak.ImageAugmentation()(output_node)
output_node1 = ak.ConvBlock()(output_node)
output_node2 = ak.ResNetBlock(version='v2')(output_node)
output_node1 = ak.Merge()([output_node1, output_node2])

input_node2 = ak.StructuredDataInput()
output_node = ak.CategoricalToNumerical()(input_node2)
output_node2 = ak.DenseBlock()(output_node)

output_node = ak.Merge()([output_node1, output_node2])
output_node1 = ak.ClassificationHead()(output_node)
output_node2 = ak.RegressionHead()(output_node)

model = ak.AutoModel(
    inputs=[input_node1, input_node2],
    outputs=[output_node1, output_node2],
    overwrite=True,
    max_trials=2)

model.fit(
    [image_data, structured_data],
    [classification_target, regression_target],
    batch_size=32,
    epochs=3)
```

여기서는 하나의 출력을 다음 입력에 연결해 각 블록을 순차적으로 정의했다. 이 경우 데이터 정규화 및 보강을 위해 일부 이미지 전처리 블록을 추가하여 모델을 사용자 정의했다. 또한 ResNet 층과 병렬로 합성곱 층을 배치해 이미지 데이터를 학습시켰다. 이

층도 커스터마이징했다. 사용하려는 **ResNet** 아키텍처의 버전을 지정할 수도 있다.

이 모드는 더 복잡하지만 훨씬 더 강력하고 유연하다. 사용하려는 **ResNet** 아키텍처 버전(v2)을 지정할 수도 있다. 사용자 정의하지 않은 매개변수(예: 버전)의 경우 오토케라스는 가장 최적의 값을 찾기 위해 다양한 값 조합을 시도한다.

⠿ 요약

9장에서는 다중 작업 모델과 다중 모드 모델이 무엇인지, 그리고 강력한 오토모델 클래스를 사용해 여러 입력과 출력이 있는 효율적인 모델을 만드는 방법을 배웠다. 이제 이러한 개념을 처음부터 생성하거나 고유한 데이터셋에 이 실용적인 예제를 적용해 이러한 개념을 고유한 다중 모델 프로젝트에 적용할 준비가 됐다.

10장에서는 모델을 내보내는 방법과 강력한 시각화 도구를 사용해 실시간 그래프에서 손실 및 정확도와 같은 측정 항목을 추적하고 시각화하는 방법을 배운다.

10

모델 내보내기 및 시각화

10장에서는 오토케라스 모델을 내보내고 가져오는 방법을 살펴본다. 그리고 모델을 학습시킨 후 모델 학습 중에 일어나는 일을 실시간으로 그래픽 방식으로 시각화하는 방법을 배우게 될 것이다.

10장을 완료하면 모델을 디스크로 내보내고 가져올 수 있으며, 모델 학습 중에 어떤 일이 발생하는지 알 수 있는 강력한 시각화 도구를 사용할 수 있다.

10장에서 다루는 내용은 다음과 같다.

- 모델 내보내기: 디스크에서 모델을 저장하고 로드하는 방법

- 텐서보드로 모델 시각화: 강력한 도구를 사용해 실시간으로 모델을 시각화하는 방법

- ClearML로 모델 시각화 및 비교

첫 번째 항목부터 시작해보자. 하지만 먼저 평소와 같이 모든 요구사항이 설치되어 있는지 확인해야 한다.

기술 요구사항

이 책의 모든 코딩 예제는 https://github.com/PacktPublishing/Automated-Machine-Learning-with-AutoKeras에서 다운로드할 수 있는 주피터 노트북으로 사용할 수 있다.

코드 셀을 실행할 수 있으므로 원하는 코드 스니펫을 추가해 각 노트북을 사용할 수 있다. 이러한 이유로 각 노트북의 시작 부분에는 오토케라스와 종속성을 설치하는 환경 설정을 위한 코드 셀이 있다.

코딩 예제를 실행하려면 운영체제로 우분투/리눅스가 있는 컴퓨터가 필요하며, 다음 명령줄을 사용해 주피터 노트북을 설치할 수 있다.

```
$ apt-get install python3-pip jupyter-notebook
```

또는 구글 코랩을 사용해 노트북 파일을 실행할 수도 있다. 이 경우 웹 브라우저만 있으면 된다. 자세한 내용은 2장의 '구글 코랩에서 오토케라스 사용하기' 절을 참고하라. 또한 '오토케라스 설치' 절에서 그 밖의 설치 옵션도 찾을 수 있다.

이제 실용적인 예를 보면서 배운 내용을 실제로 적용해보자.

모델 내보내기

오토케라스에서 찾은 최상의 모델은 쉽게 케라스 모델로 내보낼 수 있다.

모델을 디스크에 저장할 때 텐서플로 SavedModel 형식과 이전 케라스 H5 형식의 두 가지 형식으로 저장할 수 있다. 권장하는 형식은 SavedModel이며, model.save()를 호출할 때 기본적으로 사용하는 옵션이다.

모델을 저장하고 불러오는 방법

이제 단계별로 모델을 내보내고 복원하는 방법을 살펴보자.

1. 다음 코드 블록을 사용해 모델을 케라스 모델로 내보낸다.

```
model = my_autokeras_model.export_model()
```

이제 h5 형식을 백업으로 사용해 텐서플로 형식으로 저장을 시도한다.

```
try:
    model.save("model_autokeras", save_format="tf")
except:
    model.save("model_autokeras.h5")
```

2. 다음 코드 블록에 표시된 대로 모델을 다시 로드한다.

```
from tensorflow.keras.models import load_model
loaded_model = load_model("model_autokeras",
custom_objects=ak.CUSTOM_OBJECTS)
```

코드는 따로 설명할 필요가 없지만, 로딩 기능에 대해 좀 더 자세히 설명하겠다. 디스크에서 메모리로 모델을 로드하는 역할을 하는 이 함수에서 ak.CUSTOM_OBJECTS 값을 custom_objects 매개변수로 전달한다. 이것은 로드하려는 모델에 사용자 정의 오토케라스 객체가 있음을 케라스 함수에게 알려주는 것이다.

모델을 가져오고 내보내는 방법을 알게 되면 다음 절로 넘어간다. 이제 학습 과정에서 시각화하는 방법을 배운다. 시각화는 학습 과정을 이해하는 데 도움이 될 것이다.

::: 텐서보드로 모델 시각화

효율적이고 성공적인 모델을 개발하려면 과적합과 느린 학습처럼 발생 가능한 비정상적이고 원치 않는 결과를 수정해 가급적 빨리 대응할 수 있도록 실험 중에 무슨 일이 일어나고 있는지 알아야 한다.

콜백^{callback}은 fit() 함수 호출 시 모델에 전달되고 학습 중 다양한 지점에서 모델에 의해 호출되는 객체(특정 메서드를 구현하는 클래스 인스턴스)다. 모델의 상태 및 성능에 대한 모든 사용 가능한 데이터에 액세스할 수 있으며, 이를 기반으로 다음과 같은 작업을 한다.

- 학습이 멈췄거나 과적합이 발생했을 때 학습 중단

- 모델 저장. 모델을 저장하면 나중에 저장된 지점에서 학습 재개 가능

- 정밀도 또는 손실과 같은 측정 항목 기록

- 상태를 변경하고 학습률과 같은 구조 또는 하이퍼파라미터를 수정

콜백을 사용할 수 있는 방법에는 다음과 같은 예가 있다.

- 모델 체크포인트: 학습 중 다른 지점에서 현재 모델 가중치를 저장한다.

- 조기 종료: 유효성 검사 손실이 더 이상 개선되지 않을 때 학습을 중단한다. 물론 학습 중에 얻은 최상의 모델을 저장한다.

- 학습률과 같은 학습 중 특정 매개변수의 값을 동적으로 조정한다.

- 학습 중 학습 및 검증 측정 항목을 기록하거나 모델이 학습한 내용을 업데이트하면서 확인한다.

학습에 특히 유용한 두 가지 콜백으로 EarlyStopping과 ModelCheckpoint가 있다. EarlyStopping은 관찰된 측정 항목이 초기에 설정된 횟수만큼 개선되지 않으면 학습을 중단하는 역할을 한다. 예를 들어 이 콜백을 사용하면 과적합을 시작하는 즉시 학습을 중단할 수 있으므로 더 적은 에포크를 사용하며, 모델을 다시 학습시킬 필요가 없다. 이 콜백은 일반적으로 ModelCheckpoint와 함께 사용하므로 학습 중에 모델을 계속 저장할 수 있다.

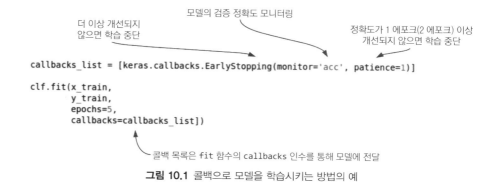

모델의 검증 정확도 모니터링

더 이상 개선되지 않으면 학습 중단

정확도가 1 에포크(2 에포크) 이상 개선되지 않으면 학습 중단

```
callbacks_list = [keras.callbacks.EarlyStopping(monitor='acc', patience=1)]

clf.fit(x_train,
        y_train,
        epochs=5,
        callbacks=callbacks_list])
```

콜백 목록은 fit 함수의 callbacks 인수를 통해 모델에 전달

그림 10.1 콜백으로 모델을 학습시키는 방법의 예

오토케라스는 학습 중에 항상 최상의 모델을 저장하고 기본적으로 EarlyStopping을 사용해 학습 중인 모델 유형에 따라 다양한 에포크를 설정한다. 그러나 이 동작은 fit 함수의 콜백 매개변수를 통해 사용자 정의할 수 있다.

콜백으로 모델 상태 기록

측정 항목을 기록하는 콜백은 앞으로 볼 텐서보드 같은 도구가 훈련 중에 모델의 학습 진행 상황을 실시간으로 시각화할 수 있게 해주기 때문에 모니터링에 필수적이다.

따라서 다음 명령을 사용해 학습 진행 상황을 기록하도록 콜백을 설정한다.

```
logdir = os.path.join("logs", datetime.datetime.now().strftime("%Y%m%d-
%H%M%S"))
tensorboard_callback = tf.keras.callbacks.TensorBoard(logdir,histogram_freq=1)
```

이 코드에서 로그 디렉토리(log_dir)를 정의하고 거기에 모델 체크포인트를 저장하기 위한 콜백을 생성했다. 즉, 오토케라스는 이 폴더의 여러 로그 파일에 각 에포크에 대한 측정 항목을 자동으로 저장한다. 히스토그램(histogram_freq=1)도 활성화했으므로 텐서보드의 **Histograms** 탭에서 각 계층의 활성화 값에 대한 히스토그램을 볼 수 있다.

다음 절에서는 텐서플로 모델에 대한 정보를 볼 수 있는 웹 애플리케이션인 텐서보드를 사용해 로그를 시각화할 것이다. 오토케라스에는 내부에 텐서플로가 있으므로 이 도구를 사용해 모델을 쉽게 시각화할 수 있다.

텐서보드 설정 및 로드

텐서보드를 사용하면 손실과 정밀도 같은 다양한 측정 항목을 실시간으로 시각화하고 가중치, 바이어스 또는 기타 텐서의 히스토그램과 함께 모델 그래프(계층 및 작업별)를 렌더링할 수 있다.

텐서보드는 주피터 노트북과 코랩에서 직접 사용할 수 있다. 텐서보드 확장을 노트북에 로드하여 수행한다. 이 방법이 10장에서 사용할 접근 방식이다.

먼저 이전 절에서 설명한 대로 콜백을 설정해 로그 디렉토리에 학습 진행 상황을 기록해야 한다.

```
logdir = os.path.join("logs", datetime.datetime.now().strftime("%Y%m%d-
%H%M%S"))
tensorboard_callback = tf.keras.callbacks.TensorBoard(logdir)
```

이제 학습 함수에 callbacks을 전달한다.

```
clf.fit(x_train,
        y_train,
        epochs=1,
        callbacks=[tensorboard_callback])
```

학습이 완료되면 결과를 시각화하기 위해 텐서보드 확장 기능을 로드할 준비가 됐다.

```
%load_ext tensorboard
%tensorboard --logdir logs
```

위의 코드는 텐서보드 대시보드를 로드하여 모델 logs 디렉토리를 제공한다.

그림 10.2의 스크린샷에는 두 후보 모델의 학습 진행 상황을 나타내는 4개의 선이 있는 2개의 그래프가 있다.

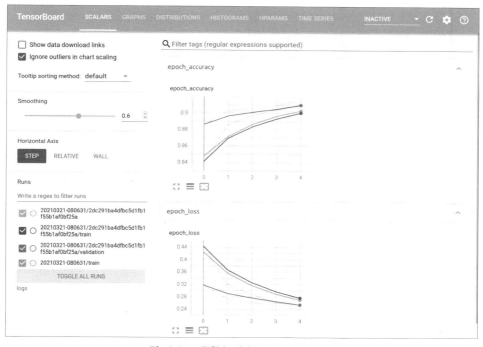

그림 10.2 모델 학습 결과를 보여주는 텐서보드

첫 번째 그래프에서 2개의 가장 높은 선은 학습 및 검증 세트에 대한 에포크 정확도를 각각 보여주고, 하단 라인은 다른 모델의 학습 및 검증 데이터셋에 대한 에포크의 정확도를 보여준다.

두 번째 그래프도 유사하지만, 이 경우에는 정확도가 아닌 손실을 보여준다.

GRAPHS 탭에서 모델의 요소를 볼 수도 있다. **GRAPHS** 탭은 오토케라스 모델에서 사용하는 피처의 대화형 저수준 텐서플로 그래프를 보여준다.

그림 10.3의 스크린샷에서 다른 계층과 작업이 있는 모델 그래프의 일부를 볼 수 있다. 보다시피 모델은 예상보다 훨씬 복잡하다. 분류 모델을 정의할 때 코드는 세 줄에 불과하지만 내부적으로 오토케라스가 상당히 복잡한 그래프 구조를 구축해 작동한다.

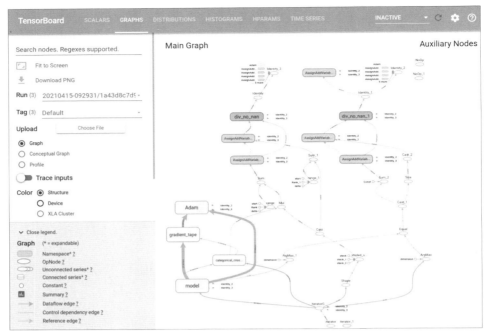

그림 10.3 모델 그래프를 보여주는 텐서보드

여기에서 다른 계층의 가중치/바이어스 분포를 시각화할 수도 있다.

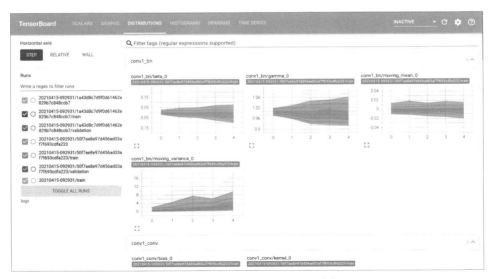

그림 10.4 모델 계층의 분포를 보여주는 텐서보드

여기서 설명하지 않은 더 많은 옵션이 있다. 텐서보드는 매우 강력하고 완전한 도구이며 그 영역은 이 책의 범위를 벗어난다. 다음 웹사이트는 텐서보드를 학습하기에 아주 좋은 출발점이다.

　　https://www.tensorflow.org/tensorboard/get_started

이제 다음 절에서 실험을 공개적으로 공유하는 방법을 살펴보자.

TensorBoard.dev와 ML 실험 결과 공유

TensorBoard.dev는 텐서보드 기록을 업로드하거나 원하는 사람과 공유할 수 있는 영구 링크를 제공하는 무료 공개 서비스이며 학술 기사, 블로그 게시물, 소셜 미디어 등에 사용한다. 이를 통해 재현과 협업이 가능하다.

다음 명령을 실행하기만 하면 TensorBoard.dev를 사용할 수 있다.

```
!tensorboard dev upload \
    --logdir logs/fit \
    --name "(optional) My latest AutoKeras experiment" \
    --description "(optional) Simple comparison of several
hyperparameters" \
    --one_shot
```

이 명령은 모델 logs 디렉토리를 TensorBoard.dev에 업로드한다.

```
New experiment created. View your TensorBoard at: https://tensorboard.dev/
experiment/TPcKbLPeRAqZ1GmRWDAdow/
```

이제 링크를 클릭하면 그림 10.5와 같이 TensorBoard.dev 웹사이트에서 텐서보드 패널을 볼 수 있는 브라우저가 열린다.

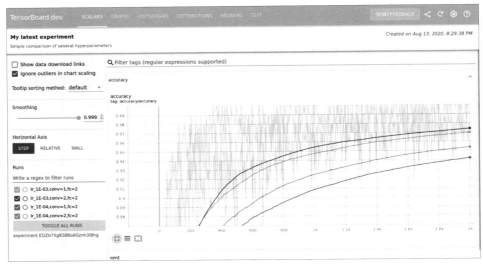

그림 10.5 TensorBoard.dev에서 공유한 모델 학습 결과

이미 살펴봤듯이 텐서보드는 모델을 모니터링하기 위한 매우 강력한 도구이지만, 실험을 추적하고 다른 팀과 비교 및 공유해야 하는 경우 모니터링 및 모니터링을 위해 특별히 설계된 ClearML이라는 오토케라스 확장 기능이 있다. 실험 추적, 텐서보드 로그에 대한 액세스 허용 등 더 많은 기능이 추가됐다. 다음 절에서 이에 대해 살펴보자.

⸬ ClearML로 모델 시각화 및 비교

ClearML(이전의 Trains)은 직관적인 웹 인터페이스를 사용해 작업을 문서화하고, 결과를 시각화하고, 실험을 재현, 조정 및 비교하는 데 필요한 모든 것을 자동으로 추적하는 완전한 오픈소스 ML/DL 실험 솔루션이다.

ClearML을 사용하면 다음 작업을 수행할 수 있다.

- ClearML 웹 UI에서 실험 결과를 시각화한다.

- 모델을 추적하고 업로드한다.

198

- 모델 성능을 추적하고 추적 리더보드를 만든다.

- 실험을 다시 실행하고 모든 대상 시스템에서 실험을 재현하거나 조정한다.

- 실험을 비교한다.

오토케라스 프로젝트에서 사용하려면 코드에서 ClearML 작업을 초기화하기만 하면 된다. 그러면 ClearML은 텐서보드, 맷플롯립^{Matplotlib}, 플로틀리^{Plotly}, 시본^{Seaborn}에 보고된 스칼라, 그래프, 이미지뿐만 아니라 코드에 추가하는 다른 모든 자동 로그와 명시적 보고서를 자동으로 기록한다.

코드에 ClearML 추가

프로젝트에 다음 두 줄의 코드를 추가하기만 하면 된다.

```
from clearml import Task
task = Task.init(project_name="myAutokerasProject", task_name=
"myAutokerasExperiment")
```

코드가 실행되면 ClearML 서버에서 작업을 초기화한다. 실험 로그에 대한 하이퍼링크를 콘솔에 출력한다.

```
CLEARML Task: created new task id=c1f1dc6cf2ee4ec88cd1f6184344ca4e
CLEARML results page: https://app.clearml-master.hosted.allegro.ai/
projects/1c7a45633c554b8294fa6dcc3b1f2d4d/experiments/
c1f1dc6cf2ee4ec88cd1f6184344ca4e/output/log
```

ClearML은 오토케라스의 학습 프로세스를 검사하고 텐서보드 콜백은 물론 로그, 측정 항목, 이미지 등을 포함한 모든 종류의 출력을 찾는다.

생성된 실험 링크에서는 오토케라스에서 자동 생성된 모델과 관련된 다양한 그래픽의 대시보드를 실시간으로 확인할 수 있다. 대시보드는 학습 중에 수행되며 정확도, 학습 및 평가 데이터셋의 성능, 콘솔 출력 및 더 많은 측정 항목도 볼 수 있다.

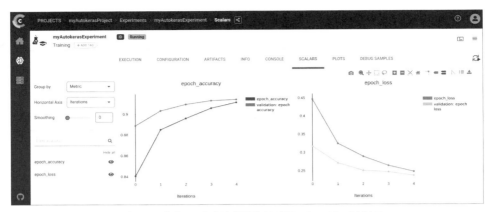

그림 10.6 텐서보드의 측정 항목을 보여주는 ClearML 대시보드

그림 10.6의 스크린샷에서 모델의 정밀도와 손실이 에포크 전체에 걸쳐 어떻게 발전하는지 볼 수 있으며, 그림 10.7의 스크린샷에서는 합성곱 층 중 하나에서 가중치 분포를 볼 수 있다.

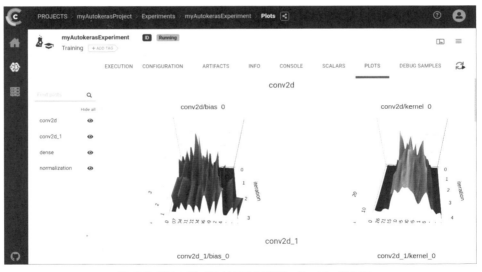

그림 10.7 일부 모델 계층 분포를 보여주는 ClearML 대시보드

이 스크린샷에서 이전에 텐서보드 대시보드에 표시된 것과 유사한 ClearML 패널을 볼 수 있다.

오토케라스는 학습 프로세스에서 여러 모델을 생성하므로 ClearML이 어떻게 각 모델의 결과를 동시에 표시하는지 보자.

실험 비교

ClearML을 사용하면 효과적인 방식으로 실험과 대조 결과를 비교할 수도 있다. 모델 아티팩트, 하이퍼파라미터, 데이터 시리즈 그래프, 각 반복에 대한 디버그 샘플 비교와 같은 많은 비교 옵션이 있다. 또한 뷰어(이미지 및 비디오용) 및 플레이어(오디오용)로 샘플을 탐색할 수 있다.

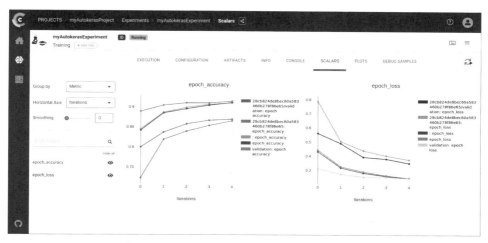

그림 10.8 두 모델의 학습 결과를 비교하는 ClearML 대시보드

이러한 옵션에 대한 자세한 정보는 ClearML 웹 UI 문서에서 찾을 수 있다.

❖ 요약

10장에서는 학습 중에 모델을 모니터링하기 위해 케라스 콜백을 정의하는 방법, 텐서보드를 사용해 히스토그램, 모델 그래프 및 기타 더 많은 측정 항목을 보는 방법, ClearML 확장 기능을 사용해 실험을 모니터링하고 추적하는 방법을 배웠다.

이러한 새로운 도구를 사용하면 실제 세계에서 딥러닝 모델을 구축하고 잠재적인 문제를 디버깅할 수 있는 능력이 향상된다.

이 책을 통해 우리는 오토케라스를 사용해 텍스트, 이미지 또는 구조화된 데이터를 기반으로 하는 모든 작업을 해결하는 데 필요한 기본 개념과 이 장에서 볼 수 있는 시각화 기술을 배웠다. 오토케라스, 케라스, 텐서플로에는 필요한 만큼 파고들 수 있는 우수한 공식 문서가 있다. 기초는 이미 쌓아놓았으니, 이제 건물을 완성할 때가 됐다.

마치며

여기까지가 『오토케라스로 만드는 AutoML』의 끝이다. 특히 매일 새로운 개념이 탄생하는 AI 분야에서 자신의 AI 프로젝트를 구현하거나 이미 수행한 프로젝트를 개선하는 데 도움이 된다는 것을 배웠기를 바란다. 그러므로 이 흥미진진한 세계를 탐험하고, 모든 단계를 즐기면서 계속 걸을 것을 권장한다.

스페인의 순례지인 카미노 데 산티아고Camino de Santiago에는 "방랑자여, 길은 없다. 길은 걸어가면 만들어진다."라는 말이 자주 보인다.

이 책이 그 길을 계속 걸어가는 출발점이 되기를 바란다.

찾아보기

오토케라스로 만드는 AutoML

몇 줄의 코딩으로 이용할 수 있는 딥러닝

발   행 | 2023년 5월 31일

옮긴이 | 이 진 형
지은이 | 루이스 소브레쿠에바

펴낸이 | 권 성 준
편집장 | 황 영 주
편   집 | 김 진 아
             임 지 원
디자인 | 윤 서 빈

에이콘출판주식회사
서울특별시 양천구 국회대로 287 (목동)
전화 02-2653-7600, 팩스 02-2653-0433
www.acornpub.co.kr / editor@acornpub.co.kr